반영
조직

Reflecting
Organization

반영조직

Reflecting Organization

초판	1쇄 발행 2016년 8월 10일
	8쇄 발행 2022년 8월 31일

지은이	구기욱
펴낸이	구기욱
편집	박연수
디자인	디자인 홍시

발행처	쿠퍼북스
출판신고	제2016-000119호(2015년 4월 15일)
주소	서울시 강남구 테헤란로 22길 9, 아름다운빌딩 9층
전화	02-562-8220
팩스	02-562-0810
이메일	koofa@koofa.kr
홈페이지	www.koofa.kr

ISBN	979-11-957290-0-5

Reflecting
Organization

구기욱 | 지음

조직이 실현하는 민주주의
구성원의 목소리로 조직을 움직인다

반영조직

KOOFA BOOKs

머리말

우리가 꿈꾸는 세상은 아름답다. 우리가 꿈꾸는 조직의 모습도 아름답다. 그 꿈을 실현하는 작은 실마리들을 찾아 모아보았다. 세상에는 보통보다 나은 조직들이 있다. 우리는 조직을 조금 더 좋게 만들 수 있고 모두 그런 노력을 하고 있지만, 쉽게 그리되지는 않는다. 그렇다고 쉽게 포기할 필요는 없다.

조직의 고전적인 문제는 구성원의 목적과 조직의 목적이 일치하지 않는다는 것이다. 구성원은 인간으로서 가진 본연의 자유를 늘 누리려 하고 조직은 조직을 만든 목적을 달성하려는 의지를 지닌다. 이 둘은 잘 일치하지 않는다. 심한 경우에는 거의 일치하지 않는다.

조직에서 성과가 나려면 구성원 스스로가 조직의 목적을 추구하거나, 조직이 급여를 대가로 구성원에게 조직의 일을 하도록 강제해야 한다. 전자의 경우는 구성원이 자신의 의지를 실현하는 것이므로 조직의 목적을 달성해 가는 과정이 즐거울 뿐만 아니라, 그 일도 보람 있게 된다. 반면 후자의 경우에서는 구성원이 일에서 보람을 찾기 힘들다. 업무를 처리하는 과정도 힘들고, 스트레스 또한 높아질 것이다. 당연히 업무의 능률도 낮아지게 되고, 이러한 구성원을 누군가가 감독해야 하므로 관리감독의 비용 또한 증가한다.

구성원들이 자발적으로 일할 수만 있다면 구성원도 좋고 조직도 좋은 '윈윈(Win-win)' 효과를 낼 수 있으며, 그야말로 상생이 실현될 것이다. 하지만 안타깝게도 이런 일은 잘 일어나지 않는다. 조직에 들어가고 싶어도 높은 경쟁을 뚫어야 가능할 만큼 취업이 매우 어려운 상황임에도 불구하고, 각 조직들은 오히려 높은 이직률 때문에 힘들어한다. 조직에 남아 있는 사람들도 이직을 해도 별다르지 않다는 생각에서 참으면서 자리를 지키고 있다. 대부분 업무에서 보람, 자부심, 만족감을 크게 느끼지 못하는 현실을 당연한 것처럼 생각한다. 이를 받아들이지 않고 바꾸어 보려고 시도하면 순진한 발상이라는 선배의 충고를 듣게 된다.

이러한 부정적인 상황은 성취를 기반으로 하는 업무에서만 나타나는 것이 아니다. 소속감과 안정감을 기반으로 하는 인간관계에서도 비슷한 일이 발생한다. 사람들은 누구나 자신의 장점을 드러내고 싶어 하며 자기의 단점은 감추길 원한다. 인정받고 싶어 하며, 무시당하기 싫어한다. 문제는, 어느 한쪽이 인정받으면 다른 한쪽은 무시당하는 것처럼 느끼게 된다는 것이다. 이것은 자연스럽게 구성원들 서로를 항상 경쟁 관계로 만들며, 그 경쟁의 결과로 승패가 갈리게 하여 버린다.

조직의 인간관계가 이러한 경쟁과 승패의 관계에 내몰리게 된다면 어떻게 될까? 일부 구성원들은 승리의 즐거움을 맛보겠지만, 나머지 구성원들은 경쟁과 패배에 의한 스트레스와 무기력에 시달리게 된다. 특히 강제할당식의 성과급제를 채택하고 있는 조직의 경우, 경쟁에서의 패배는 곧바로 개인의 재무적 손해에까지 이어지게 됨으로써 직무 동기의 중요한 요인인 자기 효능감과 자신감마저 잃어버리게 된다.

이 책은 바로 이러한 고전적 문제에 도전한다. 구성원들이 즐거워서 일하고, 일하면서 보람을 찾으며, 조직과 구성원이 일체가 되는 로망의 실현을 꿈꾼다. 이것은 실제로 저자가 경영하는 회사에서 구성원들과 함께 실현해가고 있으며, 많은 성공적인 사례를 만들어 가고 있어 허망한 꿈이 아니다.

물론 쉽지 않은 길이다. 천 길 물속보다 깊은 사람의 마음을 다루는 일이기 때문이다. 인간이란 그 인구수만큼이나 많은 다름을 가진 존재들이다. 그러한 각 사람들의 다양성을 인정하고 동시에 사람들 전체를 아우르는 보편성에 기반을 두어 서로를 협력하게 하는 일은 어렵다. 그래서 많은 사람들이 이루고 싶어 하지만 실현해내지 못하는 것이다.

이런 점에서 한국사회의 조직 현황은 매우 위험한 수준에 다다랐다. 이직을 해도 마찬가지일 것 같아서 참고 견뎌야 하는 조직 생활은 비참하기만 하다. 일터의 고통을 술로 달래거나, 급여를 유일한 위안으로 삼을 수밖에 없는 현실은 실로 안타깝다 못해 절망스럽기까지 하다. 그러나 다행스러운 것은 일터에서 보람을 찾고, 즐거움을 만들고, 일과 사람들이 좋아서 직장에 나가게 되는 것이 가능하다는 점이다. 이 책은 바로 이러한 바람직한 조직의 모습을 어떻게 만들어 가는지를 기술하고 있다.

조직의 CEO와 임원, 그리고 인사조직, 교육훈련, 조직문화, 조직개발 담당자들이 먼저 읽어 보기를 기대하면서 졸고를 써나갔다. 무엇보다, 인간은 기회주의적이고 이기적이고 비협력적이고 게으르다고 생각하여 만들어 놓은 많은 통제 시스템들이 사람들을 진짜로 그런 존재로 만들고 있는 것은 아닌지 의문을 던지면서, 이를 극복해내는 인간의 반대편의 특징을 발휘하게 하는 방법론을 실무적 경험을 바탕으로 제시하여 보았다. 그리고 그 핵심에는 구성원들의 의견이 반영됨과, 그것을 이루어내는 퍼실리테이션의 철학과 기술이 있음을 주목하고 그 연관을 함께 깊이 생각해 보려 한다.

끝으로 가장 중요한 한 가지는 이 책은 저자의 것이 아니라는 점이다. 저자가 세상에 존재하기 전부터 기울인 선현의 사고와 저작이 있었고, 가깝게는 저자의 부족한 사고를 채찍질 해주신 교수님과 훌륭한 작가들이 계셨다. 이 책은 그 분들의 다른 작은 정리일 뿐이다. 그리고 저자의 몇몇 지인께서 책을 내보라는 진심의 권유도 저자에게 커다란 힘이 되었다. 엉성한 글 조각들을 책으로 탈바꿈 시켜준 박연수 수석의 손길이 독자와의 대면을 실현하게 해주었다. 이제 이 책을 독자에게 돌려드린다.

구 기 욱

차례

000   머리말 4

---

1   자유와 성취

001   인간의 두 가지 속성 15

002   자유 속의 결정권 19

003   성취 속의 승리 22

004   자유와 성취의 연결 25

005   자아의 확장과 협력의 딜레마 28

---

2   조직의 함정

006   위계–권력의 수직화 33

007   리더십–결정권의 덫 39

008   구성원–자유와 성취의 상실 45

009   조직을 함정에 밀어 넣는 인간관 48

010   딜레마의 극복 55

3   함정의 전환

011   긍정적 인간관 61

012   효과성의 추구 64

013   잠재된 창의성 67

014   타고난 학습자 70

015   협력적 인간 73

4   반영조직

016   반영조직의 개념 79

017   소통과 반영 83

018   창의, 열정, 협력 94

019   시스템 사고 102

020   조직 공정성 107

5   반영조직의 일반절차

021   일과 정보처리 114

022   관계와 정서처리 118

023   반영조직의 일반절차 모델 122

6   반영조직의 실현 기술

024   발언의 공포 제거 155

025   질문과 경청 160

026   기록과 시각화 163

027   기법과 도구 167

028   퍼실리테이터로서의 반영 리더 172

7 반영조직의 도입

029 1단계 – 반영조직의 도입 188

030 2단계 – 반영조직의 추진 191

031 3단계 – 반영조직의 성숙 202

---

032 맺음말 204

---

033 부록 208

반영 회의의 기본틀–PASAQADE

PASAQADE 회의절차에 따른 도구 대비표

자유를

생각해 본다

Chapter 1

자유와

성취

인간의
두 가지 속성

001

인간은 누구나 자유롭고 싶다

누구나 가고 싶은 곳에 가고, 먹고 싶은 것을 먹고, 사고 싶은 것을 살 수 있는 자유를 원한다. 내가 하고 싶은 것을 할 수 있다는 자유는 인간의 가장 중요한 속성이며 행복의 근원이다.

그러나 이 자유는 종종 타인에 의해 방해받곤 한다. 두 사람 또는 여러 사람의 자유가 충돌한다든지, 한 사람의 자유가 다른 사람의 자유를 가로막을 때 이러한 방해가 생기는 것이다. 혼자서 살 수 있다면 충돌이 생겨날 일이 없겠지만, 사람은 필연적으로 타인과 함께 살아갈 수밖에 없다. 여기서 사람과 사람 사이의 문제, 즉 '인간(人間)'의 문제가 발생한다. 그리고 그중 가장 직접적이며 중요한 것은 '나와 타인' 사이의 문제이다.

인간의 육체는 모태에서 태어난 후 탯줄이 잘리는 순간 하나의 독립된 개체가 된다. 그때부터 자유는 필연성을 갖게 된다. 자신의 팔과 다리가 두뇌에 직접 연결되고, 이를 움직이는 독립된 결정권이 자연스럽게 생겨난다. 즉 자유는 타고난 본성이 되는 것이다.

그런데 이 독립된 결정권, 즉 자유가 타인과의 관계에서는 자기 마음대로 할 수 없는 일종의 제약을 겪게 된다. 가족과 함께 살아가거나, 친구와 여행을 하거나, 어떤 조직의 구성원으로 일할 때 감당하는 자유의 제약은 적지 않다. 그리고 나의 자유가 타인의 자유를 제한하는 상황 역시 발생하게 된다.

인간은 누구나 성취를 원한다

공부를 잘하거나, 일을 잘하거나, 대회에서 우승하거나, 착한 사람이 되거나, 멋진 사람이 되는 등 다양한 성취를 원한다. 성취 또한 인간의 기본 속성이다. 소극적으로는 자신이 겪고 있는 고통을 줄이는 성취일 수도 있고, 적극적으로는 당장의 쾌락을 얻는 것, 재물, 권력이나 명예를 쥐어 보려는 것, 혹은 의미를 추구하고 자아를 실현하려는 성취일 수도 있다. 그 어떤 것이든 성취는 지금보다 나아지는 것을 지향한다. 인간으로서 자신이 더 훌륭한 사람이 되거나 자신을 둘러싼 환경을 보다 바람직하게 만들려는 것, 사람들은 늘 그러한 성취를 통하여 지금보다 더 나아지려 한다.

그런데 이 나아지려는 것 또한 필연적으로 제약을 받게 된다. 내가 무엇인가 낫다는 것은 대부분 타인에 비하여 나은 것을 의미한다. 타인보다 돈이 많고, 높은 지위에 있고, 더 근사한 명예를 쥐는 것을 말한다. 이는 결국 경쟁을 유발하고 승패를 가르게 되는 결과를 낳는다. 즉 성취는 승리의 한 모습이 되고, 그 이면에서는 타인의 패배를 만들게 되는 것이다.

두 마리 토끼, 성취와 협력

사람들은 더 큰 성취를 위해 타인과의 협력을 시도한다. 길가에 놓은 커다란 바위를 옮기는 일처럼 일시적으로 모여 협동하거나, 공장을 운영하는 것처럼 지속적인 협력을 위하여 조직을 만든다. 또는 이미 만들어진 조직의 일원이 되기도 한다. 혼자서 이룰 수 없는 큰일을 조직에서는 타인과의 협력으로 이루어낼 수 있기 때문이다. 집을 짓거나 다리를 놓거나 TV를 만들고 우주선을 띄우는 등 인간이 이룩한 대부분의 성취는 개인보다는 조직이 이뤄낸 것들이다. 조직은 그 협력의 지속적이고 체계적인 형태이다.

그럼에도 불구하고, 조직의 일원으로 사는 것은 녹록하지 않다. 우선 조직의 성취가 반드시 나의 성취로 연결되는 것은 아니다. 또 조직 안에서는 협력보다는 부단한 경쟁과 승패가 끊임없이 일어난다. 그리하여 조직 안에서 오히려 자유를 잃기 쉽고, 협력은 조직 내의 경쟁 속에서 천대받기 쉽다. 협력을 위해 조직을 선택했으나, 조직으로 인하여 협력하지 못하는 딜레마에 빠지고 마는 것이다. 더 많은 나의 성취를 위해 협력을 선택하고, 그리하여 조직의 한 구성원이 되어 보지만, 그 조직이 이루어낸 성취는 대부분 나의 것이 되지 않는다. 게다가 나는 상당한 양의 자유까지 포기해야 한다.

조직에서는, 조직의 영광만 있지 개인의 영광은 사치처럼 금기시되어 간다. 영광의 대부분은 구성원에게 공유되지 못하고 조직의 대표에게 돌아간다. 더 큰 성취를 위해 협력을 선택하였지만 이처럼 개인의 자유를 잃게 하고 개인의 성취도 잃게 하는 귀결은 무엇인가 잘못되어 보인다.

Drilling 경쟁과 성취의 필연성

사람은 짝을 만나고 짝을 이룬다. 짝은 처음부터 정해진 것이 아니라, 부단한 경쟁과 탐색 속에서 결국 한 배우자를 선택하여 정해지게 된다.

배우자 후보는 늘 여럿이 있다. 사람들은 배우자 후보 중 최고를 선택하기 위하여 끊임없는 탐색을 시도한다. 나이, 외모, 학력, 직업, 경제력, 인품, 성격, 취미, 태도, 가치관, 습관, 건강, 집안, 친구, 거주지 등 수많은 탐색과 평가의 결과로 최후의 배우자를 결정한다.

생각을 돕기 위하여 배우자 후보가 두 명인 경우를 가정해 보자. 이 때 사람은 둘 중의 누구를 선택하게 될까? 위에 언급한 여러 가지를 평가하고 점검한 결과, 종합했을 때 둘 중에서 더 나은 사람을 선택하게 될 것이다.

이를 반대편에서 살펴보면, 선택받기를 원하고 있는 둘 중에서 더 나은 사람이 되어야 배우자로 선택을 받게 된다. 그러려면 자신은 더 나은 사람이 되기 위해 부단한 노력을 기울여야 하고, 그 결과 더 나은 사람이 되어야 한다. 전자는 경쟁이고, 후자는 성취가 된다.

이 점에서 경쟁과 성취는 인간의 필연이고 숙명이다.

자유 속의
결정권

002

자유의 본질에 주목하다

자유가 무엇인지 물으면 사람들은 반사적으로 책임이라 대답하는 경향이 있다. 그러나 자유에 책임이 따르는 것은 맞지만, 자유가 책임인 것은 아니다. 오히려 책임지지 않는 것이 자유다. 우리는 책임을 떠올리는 순간 자유롭지 못하게 된다. 책임을 생각한다는 것 자체가 자유롭지 못함을 증명하는 것이다. 하지만 한국인들은, 자유의 중요성보다는 자유에는 책임이 따른다는 책임의식이 강조되는 교육을 오랫동안 받아왔다. 그래서 '자유'라는 말을 듣는 순간 '책임'이라는 말을 동시에 떠올릴 만큼 잘 훈련되었다.

자유에 책임이 따르는 것은 맞다. 그렇다고 해서 자유를 누리기는커녕 미처 깊이 생각해보기도 전에 책임을 떠올려야 하는 것은 자유의 본질을 저버리는 일이다. 인간은 자유를 잃으면 행복할 수 없다. 자유를 생각하기도 전에 책임지는 걱정부터 해야 한다면 행복한 삶을 꿈꿔 보기조차 어렵게 만드는 것이다. 자유는 우선 온전한 자유로서 생각해야 한다.

그렇다면 자유란 무엇인가? 무엇보다 자유의 본질은 '결정권'이다. 스스로 결정권을 가질 때 자유를 가지는 것이다. 아침에 눈을 뜨면 더 잘 것인지 일어날 것인지를 결정할 수 있는 것이 자유다. 아침 식사를 건너뛸지, 계란 프라이로 때울지를 결정할 수 있는 것이 자유이다. 대학에 갈지 말지, 어떤 직업을 선택할지, 어떤 정당을 지지할지를 결정할 수 있는 것이 바로 자유의 본질인 것이다.

결정은 여러 개의 대안 중 실제로 행할 것을 고르는 것이므로 결정권의 다른 말은 '선택권'이라 할 수 있다. 그러므로 결정권이 자유가 되려면 결정에 있어 선택의 여지가 있어야 한다. 선택의 여지가 없거나 선택의 폭이 매우 좁아서 어쩔 수 없이 마음에도 없는 결정을 해야 한다면, 그것은 자유를 가진 것이라 할 수 없다. 예를 들어, 백화점에 수많은 물건이 있는데 손에 쥔 돈이 단돈 만 원밖에 없어서 그만한 상품 하나만을 사야 한다면, 그것은 선택권도 결정권도 없는 것, 즉 자유가 없는 것과 다름이 없다. 마찬가지로 조직의 한 구성원으로서 조직 내에서 자신이 선택할 수 있는 것의 여지가 거의 없다면, 이는 자유를 잃어버린 상황이라고 할 수 있다.

자유에는 또 하나의 전제가 따른다. 그것은 바로 의지다. 무엇을 하겠다는 의지가 없다면 선택의 필요도 없고 자유 역시 필요하지 않게 된다. 멋진 신발을 사거나 좋은 화장품을 사겠다는 의지가 있을 때, 결정권은 비로소 문제가 된다. 조직에서도 자신이 어떤 일을 해보고자 하는 의지가 있을 때만 그것을 할 수 있는지 없는지에 대한 결정권이 문제가 되는 것이다. 그러므로 자유는 '어떤 의지를 실현하고자 할 때 가질 수 있는 선택지에 대한 결정권'이라고 말할 수 있다.

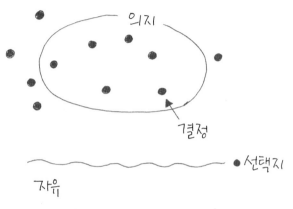

자유는 '어떤 의지를 실현하고자 할 때
가질 수 있는 선택지에 대한 결정권'이다.

성취 속의
승리

003

'더 나은 존재'가 되려는 것은 본능이다

인간은 생명체이기 때문에 생명을 유지하는 한 적어도 생명체를 유지하기 위한 기본적인 성취는 이루어내야 한다. 예를 들면, 식량을 구하고 이를 섭취하는 것, 몸을 가릴 것을 마련하여 추위와 더위로부터 신체를 보호하는 것 등이다. 이러한 성취를 하고 나면 만족감이 찾아온다.

이 만족감은 아마도 생존의 위협을 극복하고 자신의 생명을 유지할 수 있게 했다는 자부심의 일종일 것이다. 그리고 인류가 발전해 오면서 만족과 자부심을 느끼는 방법 또한 변화와 발전을 거듭해 왔다. 오늘날에는 이러한 많은 것들이 돈으로 환산되는 경제활동으로 이루어지고 있다. 그래서 돈을 많이 버는 것이 성취의 중요한 잣대가 되었다.

성취의 또 다른 측면은 배우자를 만나는 것과 관련된다. 인간은 독립적 존재로서 스스로 생명을 유지하기 위한 활동을 하게 되지만, 또 하나의

지상 과제로서 종족보존을 하기 위해서는 남자든 여자든 반드시 배우자의 선택을 받아야 한다. 다른 동물들도 마찬가지지만, 특히 사람은 배우자를 선택할 때 아무나 무작위로 선택하지 않는다. 여러 후보 중에서 가장 나은 상대를 선택하기 마련인데, 그것이 외모든 경제력이든 신체적 위력이든 혹은 그 모든 것들을 종합해서든, 어쨌든 '더 나은' 사람을 선택한다. 이는 더 나은 존재가 되지 않고서는 자신의 유전자를 이어갈 후손을 만들어 줄 상대가 되지 못한다는 의미다. 그래서 상대방에게 '더 나은 존재'로 선택받기 위한 활동들을 하게 된다. 성취를 추구할 수밖에 없는 상황인 것이다.

결국 성취란 '더 나아지는 것'과 관련된 활동이다. 이는 생리적 욕구의 충족과 같은 절대적 나아짐만이 아니라, 배우자로 선택되는 것과 같은 상대적 나아짐도 포함하게 된다. 그런데 이 상대적 나아짐은 승패의 개념으로 이어지기에, 무언가를 성취한다는 것은 곧 승리한다는 것을 의미한다. 즉, 성취란 내가 승자가 되고 타인을 패자로 만드는 것이다.

그래서 성취가 주는 기쁜 마음인 성취감의 내면을 들여다보면, 그 안에는 나의 잘남 또는 위대함이 자리 잡고 있다. 좋은 대학에 합격했을 때, 홀로 첫 해외여행을 갔을 때, 승진했을 때, 혹은 어렵게 준비한 공연을 잘 마치고 박수를 받았을 때 사람들은 성취감을 느낀다. 이처럼 어떤 성취의 순간에 느껴지는 성취감과 행복감을 잘 살펴보면, 이는 바로 자신의 잘남 또는 위대함을 증명한 기쁨이라는 것을 알 수 있다.

그런데 이 위대함은 타인과의 대조 속에서만 증명된다. 이 위대함은 결코 단독으로 이루어지지 않는다. 그것은 '평균보다 좋은 것' 또는 '누구보다 좋은 것'이라는 상대적 개념이기에, 타인과의 대조 속에서 자신이 더 나은 존재라는 것을 깨닫고 증명했을 때 이루어지는 것이다. 그러므로 자신의 위대함을 증명하는 성취의 순간은, 동시에 타인의 열등함을 입증하며 누리는 행복의 순간이기도 하다.

"난 훌륭해!"

"넌 아니잖아!"

상대에게 고통을 주려는 의도는 없었지만, 자신의 선의의 성취와 위대함마저도 결과는 상대에게 패배와 고통을 줄 수 있다. 이것이 바로 세상살이를 녹녹치 않게 만드는 관계의 근원이 된다. 그러므로 우리는 누군가의 기쁨이 누군가의 슬픔을 만드는 결과가 될 수 있다는 점을 뚜렷하게 인식해야 한다. 그것이 이 문제를 해결하는 출발선이다.

자유와 성취의
연결

004

성취는 나의 자유로운 의지에서 시작된다

인간은 자유롭고 싶다. 훌쩍 여행을 떠나 마음껏 자유를 누리고 싶을 때가 있다. 하지만 그것이 가능하려면 선택의 여지가 있어야 한다. 시간을 낼 수 있어야 하고, 여행이 가능한 건강과 근력도 있어야 한다. 또한, 여행을 위한 경비도 있어야 하며, 어떤 여행지가 나의 취향과 잘 맞는지 해당 정보도 필요하다. 이러한 제약 조건들을 극복하고 실현해 내려면 체력, 재정 능력, 정보력 등 각 사항들에 대한 구체적인 성취가 선행되어야 한다. 그러므로 기존의 축적된 성취가 없이 자유를 가진다는 것은 매우 어려운 일이다.

여행을 하겠다는 의지가 없다면 자유가 문제될 것이 없다. 심지어 감옥에 갇혀 있어도 감옥에서 나갈 의지가 없다면 그의 자유는 구속된 것이 아니다. 그러나 인간은 더 나은 상태를 끊임없이 추구하고, 그 의지가 실현되었을 때 만족감을 얻기 마련이다. 자신의 의지에 따라 실현하고, 그 결과에 따라 성취를 만들고 싶어 한다. 그리고 그 성취는 또 다른 의지를 실현하는 자원이 된다. 그렇게 인간은 더 많은 것을 실현하고 자신의 위대함을 증명해간다.

기존의 성취가 없다면 또 다른 성취를 만드는 데 자유롭지 못하다. 반대로 기존에 만들어 놓은 성취가 있다 해도 새로운 것을 성취하는 데에 자유롭지 못하면 기존의 그 성취는 성취로서의 의미를 잃는다. 앞에서 말한 여행의 예를 들어 보자. 누구든 여행 경비를 마련하지 못하면 여행을 갈 수 없다. 반대로 여행 경비를 모아 놓았다 해도 어떠한 이유로 여행을 갈 수 없게 된다면 그 마련된 경비는 무의미하게 된다. 이처럼 인간은 기존의 성취를 통해 다른 성취를 이루고, 그 성취를 통해 또 다른 성취를 이루며 산다.

한편, 성취는 반드시 자신의 결정에 의하여 시작되었을 때 자신의 성취가 된다. 타인이 결정하여 시도한 것에 대한 성취는 진정한 자신의 성취로 여겨지지 않는다. 그러므로 성취란 자유로운 의지에서 출발하여 그 의지를 이루는 것이다. 그리고 그 성취된 의지가 자원이 되어 또 다른 의지를 실현한다. 그렇게 인생은 더 큰 의지를 세우고 더 큰 성취를 만들어 나가는 여정을 걷게 된다. 결국 자유와 성취는 아주 견고하게 연결되어 있어서 따로 분리할 수 없다.

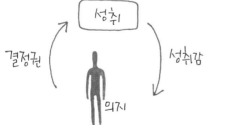

자유와 성취 :
온전한 성취는 나로부터 시작하여 마무리되는 '온전한 나의 것'일 때 가능하다.

Drilling 마당 쓸기의 자유와 성취

"얘! 마당 좀 쓸어라."

빗자루를 들었을 때, "마당을 쓸어라"고 하면 쓸기 싫어진다. 이상한 일이다. 이 왕 쓸기로 마음을 먹은 것인데, 그냥 쓸면 될 것을 왜 쓸기 싫어지는 것일까?

이유가 있다. 자유와 성취가 모두 사라져 버렸기 때문이다. 자유란 자신이 선택 권 또는 결정권을 가지는 것이다. 그러므로 누군가 '마당을 쓸라'하는 순간 그 선 택권과 결정권은 커다란 손상을 입는다. 마당을 쓰는 일이 나로부터 시작한 것 이 아니라 타인으로부터 시작한 것으로 변질되어 버리기 때문이다.

나로부터 시작한 것, 다시 말해 내가 결정하여 시행한 일이 아니라면 그 결과 또 한 나의 것이 되지 못한다. 타인이 시켜서 한 일의 결과(마당이 깨끗해짐)는 타인 이 하라고 한 것 때문에 생긴 결과라고 볼 수 있다. 즉 성취 역시 타인의 것이 되 어 버리는 것이다.

실제로 마당을 쓴 노력을 투입한 것은 나이기 때문에 어느 정도 성취에 대한 지 분이 나에게 있는 것은 사실이지만, 온전하지 않다. 결국 노력은 내가 다 하고 성취를 도둑맞는 모양이 되어, 억울한 마음이 들게 된다.

자아의 확장과
협력의 딜레마

005

계속되는 고민, 협력

경쟁 속에서 성취를 이루어야 하는 환경에 놓인 인간은 진화 과정을 통하여 성취욕이라는 감정을 만들어 냈을 것이다. 그러나 그 성취감은 상대적 개념이어서, 어떤 기준점에 다다른다고 종결되는 것이 아니다. 그것은 결코 완성을 이룰 수 없는 지속성을 지니게 되었다.

인간의 욕망은 무한하다. 하지만 이를 충족시킬 자원은 유한하다. 이러한 차이로 경제 문제를 만드는 근본 원인을 '희소성의 원칙'이라 부른다.

자원은 희소하지만, 인간은 자신의 욕망을 포기하지 않는다. 그리하여 자원을 경쟁적으로 확보하여 소비하거나 효율적으로 활용하기 위한 혁신과 발명을 이루어내고, 나아가 타인과의 협력을 통해 자신의 욕망을 실현하는 방법을 찾아낸다.

인류의 수많은 성과와 문명은 집단이 협력한 결과이다. 인간은 혼자서는 자신의 생명조차 지켜낼 수 없을 만큼 나약한 존재이고, 할 수 있는 일

또한 지극히 제한적이다. 하지만 인간은 언어와 지능을 가짐으로서 높은 수준의 협력을 만들어 냈다. 높은 빌딩을 짓고, 정교한 비행기를 만들었으며, 심지어 우주선도 쏘아 올렸다. 전화기를 만들고, 라디오를 만들고, 텔레비전을 만들고, 스마트폰을 만들었다. 협력의 결과물은 셀 수 없을 만큼 많다.

여기에는 인간의 언어적 능력과 높은 지능이 중요한 기초가 되었다. 언어를 가짐으로써 공동의 목표를 확인하고, 이를 달성할 수 있는 최선의 방법을 서로 나누어 분담할 수 있게 되었다. 그리고 높은 지능을 이용하여 인과관계를 파악하고, 그 선택한 목표를 달성하는 수단을 잘 마련하는 탁월한 능력을 보여주었다. 그 결과 인류는 다른 종이 이루어내지 못한 엄청난 결과물을 창조하고 발전시켰다. 즉 더 많은 성취를 하게 된 것이다.

여기서 문제가 되는 것은 그 집단의 성취가 누구의 성취인가 하는 것이다. 각자가 기여한 만큼 성취를 나누어 가지면 좋겠지만, 그런 공정성을 만들어 내기란 쉽지 않다. 누가 얼마만큼 기여했는지 그 정확한 평가와 측정을 하는 것은 어렵다. 측정하는 기술도 충분하지 않을뿐더러, 측정하는 비용도 만만치 않다. 완전하게 객관적인 측정은 불가능하다. 그런데 이러한 상황에서 사람들은 저마다 자신의 기여도가 높을 것이라는 편견을 갖는다. 사람들은 잘된 일은 자신이 기여한 것 때문이라고 생각하고, 잘못된 것은 타인 또는 환경 때문이라고 생각하는 자기본위편향(Self-Serving Bias)을 갖는 것이 일반적이다.

이와 같이 공정한 평가가 어렵고 기여도를 서로 비교하는 상황에서는 또 다른 문제가 발생하는데, 그것은 성취의 결과가 힘이 세거나 언변이 능숙한 사람에게 편중된다는 것이다. 그렇지 못한 사람들은 기여는 했으나 성취의 결과에서 소외된다. 더 큰 성취를 위하여 협력을 시도하고 협력에 동참하였으나 결국 그 성취가 자신의 것이 되지 못하는 현상, 이것이 협력의 딜레마다.

Chapter **2**

조직의

함정

위계
– 권력의 수직화

006

위계의 덫

일반적으로 조직은 위계를 가진다. 조직이 협력을 통하여 높은 성취를 이루어내려면 우선 무엇을 성취하려는지에 대한 의견의 일치 또는 의사결정이 있어야 한다.[1] 즉 개인의 의지를 함께 모을 조직의 의지가 생겨나야 한다는 것이다. 이 의지를 조직의 목적이라고도 부른다.

조직 안에서 각 개인의 의지가 서로 다르다면, 개인들이 조직에 모여 협력할 이유가 없어진다. 협력이 일어나지도 않을 뿐더러 협력한다 해도 개인의 의지를 실현하는 데 도움이 되지 않는다. 그러므로 조직이 개인의

---

1 대부분의 사람들은 이미 만들어진 조직에 취업하는 방식으로 조직의 구성원이 된다. 이 경우 그들은 조직의 인사부서에서 명령한 자리에 근무할 각오를 하고 취업을 시도한 것이며, 그 근무의 대가로 급여를 받는 것을 전제로 하고 있다. 이때 조직의 비전과 자신의 의지가 부합하여 조직을 선택하는 경우도 있지만, 조직의 비전과는 상관없이 급여를 받을 목적으로만 취업하는 경우도 있다. 하지만 두 경우 모두에서 조직의 구성원이 되고 나면, 자신의 의지와 조직의 의지간의 격차로 인해 긴장과 갈등이 생겨난다.

의지를 더욱 효과적으로 실현해주는 도구가 되려면 개인의 의지를 모아 합의를 이루어내야 한다. 그러나 이러한 집단의사결정 과정은 쉽지 않다.

의사결정에 대한 다음의 사례를 보자.

사례 1

한 부족의 구성원들이 식량이 떨어져 배가 고프게 되었다. 그래서 이들은 사냥을 해야겠다는 의지를 갖게 되었고, 사냥의 의지가 있는 20명의 구성원들이 한자리에 모여 사냥을 위한 작전회의를 개최했다.

그런데 어떤 사람은 사슴을 잡자고 하고, 어떤 사람은 토끼를 잡자고 했다. 어떤 사람은 염소를 잡는 것이 좋겠다고 주장했다. 그뿐 아니라 그들이 주장하는 사냥법도 서로 달랐다. 닥치는 대로 아무 동물이나 잡을 수는 없는 노릇이므로, 그들은 각자의 의견에 합의를 이뤄내야만 했다. 하지만 회의는 원활하지 못했고, 저마다 다른 주장을 하다가 시간만 허비하게 되었다.

그러자 그 모임에서 유력한 한 사람이 나서서 사냥할 동물과 사냥법에 대해 결정했다. 그리고 나머지는 좋든 싫든 그의 의견에 동의하게 되었다.

위의 예에서 본 것처럼 합의에 이르는 시간이 길어지면 그 시간을 절약하기 위해 누군가의 주도로 의사결정이 이루어진다. 바로 여기에서 '위계'가 생겨난다. 즉 의사결정을 하는 사람과 그 결정한 것을 실행하는 사람이 구분되는 것이다. 그러면 누가 의사결정을 하게 되는가? 바로 권위를 가진 사람이 하게 된다. 결정한 것을 실행하는 데는 실행하는 사람의 의지가 필요하므로, 그 실행 의지를 강제할 만한 권위[2]를 가진 사람이 이 결정을 하게 되는 것이다.

주인과 하인의 차이는 결정권을 갖느냐 갖지 못하느냐에 달려있다. 주인은 어떤 일을 할지 말지에 대하여 결정하는 자유를 가진 사람이고, 하인은 그 결정된 일을 수행해야 하는 사람이다. 즉 결정의 자유를 갖지 못한 사람이다. 합의로 의사결정을 이루지 못하고, 결정자와 실행자를 분리하는 상황이 되면 필연적으로 주종관계가 형성된다. 이것은 또한 성취를 빼앗은 것이 되기도 한다.

위의 사례를 다시 보자. 결정권자가 염소를 사냥하자고 결정했다 하자. 사슴고기를 좋아하여 사슴 사냥을 희망했던 한 구성원은 혼자서는 사슴 사냥이라는 성취를 이룰 수 없으므로 협력을 통해 그 목적을 성취하려 했다. 하지만 그는 다른 사람의 결정으로 염소를 사냥하게 되었다. 이것은 그의 온전한 성취가 될 수 없다. 결국 그는 자유도 성취도 갖지 못한 것이 되었다.

이처럼 모든 결정은 개인의 자유와 성취를 확장하려는 것으로 시작하지만, 조직이 움직이기 시작하자 개인의 목적과 조직의 목적이 불일치되는 문제가 발생한다. 이것은 아주 고전적인 조직의 문제이다.

---

2 권위의 정당성으로서 막스 베버는 전통(역사), 카리스마, 합법성 세 가지를 제시하였다. 전통은 예부터 그리 해 온 것 때문에 생기는 권위이고, 카리스마는 비범한 능력을 가진 사람에게 생기는 권위이며, 합법성은 규범에서 권위를 부여하였기 때문에 생기는 권위를 말한다.

이 고전적인 문제의 출발을 들여다보면 다음과 같다.

① 사냥이라는 목적은 구성원 간에 일치한다.
② 사슴, 토끼, 염소 사냥이라는 하위목적은 구성원 간에 일치하지 않는다.
③ 구성원 간의 의견 합의를 시도한다.
④ 합의에 도달할 시간이 부족하다.
⑤ 다수결로 결정한다. 또는 의사결정자를 지정하여 그에게 결정하게 한다.(단독결정-독재)
⑥ 결정에 따른다.

이것을 조금 더 들여다보면 다음과 같은 과정을 보게 된다.

① 사슴 사냥을 통해 좋아하는 음식을 먹을 자유와 사냥의 성공 및 음식의 섭취라는 성취를 얻고자 한다.
② 사냥이라는 목적은 구성원 간에 일치한다.
③ 사슴, 토끼, 염소 사냥이라는 하위목적은 구성원 간에 일치하지 않는다.
④ 구성원 간의 의견 합의를 시도한다.
⑤ 합의에 도달할 시간이 부족하다. 또는 합의 도구와 기술이 부족하다.
⑥ 다수결로 결정한다. 또는 의사결정자를 지정하여 그가 단독으로 결정하게 한다.
⑦ 결정에 따른다.
⑧ 자유와 성취를 얻지 못한다.

이 고전적인 조직 문제의 핵심에는 '합의'라는 문제가 숨어 있다. 합의가 이루어지면, 개인의 목적과 조직의 목적이 일치하지 않는다는 조직의 문제는 근원적으로 해결된다.

합의의 핵심

　　대부분의 사람들은 이 합의에 도달하지 못하는 이유로 '시간의 부족'을 들고 있다. 그러나 시간이 부족하다는 것은 다른 말로 '빨리 해결할 기술이 부족하다'는 뜻이다. 합의를 쉽게 이루는 기술을 가진 사람이라면 의견이 대립하는 상황에서 다수결이나 독재적 결정보다는 합의에 도전할 것이다. 합의를 이룬다면 개인의 목적과 조직의 목적은 일치되고, 구성원들은 자유와 성취를 모두 얻게 된다.

　만일 협력하고자 하는 구성원의 수가 일정 수준을 넘어서게 되면, 대표자나 사회자를 선정하는 등 구성원의 계층을 나누려는 압력이 생긴다. 이때 대표자나 사회자에게 처음 요청되는 것은 서로 다른 의견들을 종합하여 합의를 이루도록 도와달라는 것이다. 그러나 합의의 기술을 가지지 못한 경우, 사람들은 대표자의 결정에 의존하거나 다수결을 통하여 결론을 내리게 된다. 그리고 대표자는 그 결정을 실행하는데 협력하지 않는 사람들을 통제할 권한을 가지게 된다. 그리하여 자유는 상위 권력자의 통제하에 놓인다. 그러면 대표자는 쉽게 권력자형 리더가 되는 것이다.

　또 다른 사례를 관찰해 보자. 다음은 '시간의 부족'을 다른 관점으로 보는 사례이다.

아름드리 나무를 베어 멋진 집을 짓고자 하는 사람이 있다. 그는 투철한 정신력을 가지고 있으며, 멋진 집을 짓겠다는 선량한 마음을 가지고 있다.

그는 집을 지을 설계를 마쳤고, 이제 집을 짓기 위한 첫 단계로 나무를 베는 상황에 이르렀다. 그는 투철한 정신력으로 나무 아래 앉아 손톱으로 나무껍질부터 뜯어내기 시작한다. 하지만 손톱 말고는 나무를 벨만 한 마땅한 도구를 가지지 못했기에, 그는 결국 나무를 베지 못하고 집도 짓지 못했다. 그는 자신이 집을 짓지 못한 이유를 나무 벨 시간이 부족했기 때문이라고 생각했다.

자, 이 사람에게 부족한 것은 무엇이었는가? 만약 그에게 톱이 있었다면, 그리고 톱을 사용할 줄 아는 기술이 있었다면, 그는 나무를 금방 베어 집을 지을 수 있었을 것이다. 결국 그에게 없었던 것은 시간이 아니라, 도구와 그것을 다루는 기술이었던 것이다.

리더십
– 결정권의 덫

007

리더의 본래 역할이 사라지고 있다

　　사람들이 기대하는 리더의 본연의 역할은 각 개인의 자유와 성취를 최대한 늘려주는 것이다. 사람들은 개인의 결정권을 확장하고 더 많이 승리하는 데 보탬이 되어달라고 리더에게 주문한다. 그러나 대부분 리더의 역할은 그 반대 방향을 향하고 있다.

　　많은 리더들은 구성원 개인의 자유보다는 조직의 성과를 우선시한다. 그들은 개인의 자유를 희생해야 조직의 성과를 이룰 수 있다는 조직관을 가지고 있다. 조직에서 급여를 주는 것은 바로 그 자유를 희생하는 대가라고 생각한다. 그리고 누구도 리더에게 구성원 개인의 자유를 보장하는 것에 대한 책임을 묻지 않는다. 오히려 조직이 정한 성과를 달성했느냐에 대한 책임만을 묻는다. 이러한 인식이 만연해 있어서 지극히 당연한 것처럼 보인다.

　　구성원들이 자신의 자유와 성취를 확대하기 위해 조직에 왔으니, 조직은 그 구성원의 자유와 성취를 보장하는 방법을 찾아주는 것이 바람직하다. 그러나 대부분의 조직에서는 리더의 자유와 성취만이 보장된다. 리더에게 결정권이 주어져 있으니 그는 더 자유롭게 되고, 조직의 성취가 곧 리더의 성취로 여겨지고 있으니 그는 더 성취하게 된다. 따라서 조직 전체의 리더가 가장 많이 성취하고, 중간 리더가 중간 정도로 성취하며, 말단 구성원들은 가장 적게 성취한다. 구성원은 희생자가 되는 것이다. 마찬가지로 어떤 일을 할 것인지 정할 때 리더는 이기는 사람이 된다. 이는 나머지 구성원을 패배자로 만드는 것이다.

리더의 결정권이 정당성을 가지는 데는 다음과 같이 몇 가지 전제조건이 있다.

+ 다른 구성원에 비하여 결정에 필요한 더 많은 정보를 가지고 있을 것
+ 그 정보를 종합하여 최적의 결정을 내리는 인지능력을 가질 것
+ 다른 방법보다 시간과 비용을 적게 들일 것
+ 사심이 없이 조직 전체를 위한 결정을 내리려 할 것
+ 구성원들이 그 결정을 받아들일 것
+ 결과적으로 조직에 더 효과적일 것

이러한 6가지 정도의 전제조건이 있다면 리더가 결정권을 보유하는 것이 정당하다고 여겨지겠지만, 잘 살펴보면 그 조건들이 실제로 충족되기란 여간 어려운 것이 아니다.

첫째, 리더에게는 사심이 작동할 위험성이 늘 있다. 인간은 이기적인 존재이고, 리더 또한 근원적으로는 자신의 자유와 성취를 증진하기 위해서 조직의 일원으로 들어와 있는 것이다. 또한 어떤 것이 조직 전체를 위한 것인지를 아는 것도 매우 어려운 일이다.

특히 3년 이하의 계약직 CEO가 경영하는 경우, CEO는 단기성과[3]에만 집중하고 조직을 장기적으로 돌보는 일은 소홀히 할 수 있다. 임원들이나 중간 리더 또한 CEO의 성과 목표에 맞추어야 하기 때문에, 장기적 관점에서 조직을 개발해 나가는 일은 소홀해질 수 밖에 없다. 리더들은 당해 연도나 심지어 당분기의 실적을 맞추는 일에만 급급하게 되는 것이 현실이다.

둘째, 농경사회와 같이 조직 환경의 변화가 더디던 옛날에는 경험이 많은 사람이 더 많은 정보를 가지게 되는 것이 일반적이었다. 그러나 21세기는 엄청난 속도로 조직의 환경 변화가 일어나고 있다. 과거처럼 경험에서 얻는 정보는 오히려 현 상황에서는 독이 되는 경우도 있다. 게다가 리더 한 사람이 여러 구성원이 가진 정보를 능가할 가능성 또한 많지 않다. 특히 오늘날처럼 정보통신이 발달해 있고, 어디서나 정보검색이 가능한 상황에서 조직의 원로가 더 좋은 정보를 더 많이 가지고 있으리라는 가정은 매우 위험하다.

셋째, 리더의 우수한 인지능력으로 최적의 종합적 결론을 내는 것은

---

3 무엇을 성과로 볼 것인지부터 제대로 정의되어야 한다는 점이 있지만, 이 책에서는 이에 대하여는 깊이 다루지 않기로 한다.

사안이 단순한 경우에는 가능할 수 있다. 하지만 복잡한 문제나 급변하는 환경과 관련된 사안에서는 오히려 여러 사람, 특히 일선의 지혜를 모으는 것이 더욱 현명할 때가 많다. 여러 구성원의 지식과 경험을 체계적으로 모아낸다면 리더 한 사람의 인지능력을 능가하는 결정을 내릴 수 있다. 그러므로 여기서는 체계적으로 지식과 경험을 모으는 방법이 중요하다.

넷째, 여럿이 회의하여 정하는 것보다 리더가 단독으로 결정하는 것이 빨라 보이지만, 사실 거기에는 낭비되는 숨어있는 시간들이 많다. 리더가 결정하는 데 필요한 정보를 수집하기 위하여 구성원들은 자료조사를 수행하는 시간, 이를 보고서로 만들기 위하여 편집하는 시간, 보고서를 보기 좋게 꾸미는 시간, 보고를 위해 대기하는 시간, 보고하는 시간, 리더의 이해를 위해 설명하는 시간, 보고서를 다시 만드는 시간 등을 사용한다. 사람들이 바빠서 회의하지 못하는 시간에 주로 하는 일은 보고서를 만드는 것이다.

다섯째, 리더의 결정에 구성원이 따르는 것은 조직의 제도 자체가 그렇게 되어 있기 때문이다. 그러나 조직의 제도에 의하여 억지로 받아들인 경우, 그 결정의 실행과정에서 구성원들이 얼마만큼 자기 일처럼 성의 있게 협력하고 몰입할 것인지는 의문이다. 때로는 리더가 구성원의 생각을 뛰어넘는 탁월한 결정을 할 수도 있지만, 구성원이 그 결정을 수용할 때는 주인이 되지 못하는 처지에서 오는 정서적 저항이 생겨난다. 그리고 그 저항은 결정된 일을 실행하는데 있어서의 몰입, 책임감, 열정 등에 악

영향을 끼치게 된다.

 여섯째, 결정은 결정 자체가 궁극적인 목적이 아니다. 결정한 것을 실행하기 위한 것이고, 그 실행을 통하여 기대한 효과를 얻으려는 것이 궁극적인 목적이 된다. 리더의 결정이 어떤 효과를 내는지, 그 상위 목적에 대한 효과는 어떤지, 추진과정에서의 효율성은 어떨지 등을 곰곰이 살펴보면, 그 곳에도 분명 함정이 도사리고 있다.

 이 여섯 가지의 전제조건은 어느 것 하나 쉽게 충족하기 어렵다. 리더의 사심, 구성원 정보의 미활용, 제한적인 인지능력 등을 고려할 때 리더의 단독결정 방식을 계속 유지하는 것이 옳은 것인지는 정말로 의심해 봐야 할 문제다. 그럼에도 불구하고 조직은 리더에게 폭넓은 결정권을 부여하고 있다. 조직이 함정에 빠질 수밖에 없는 상황에 처해있는 것이다.

Drilling 회의 시간 부족, 무엇이 문제인가?

많은 사람들이 합의에 의하여 의사결정을 하면 좋을 것이라는 점에 동의한다. 합의가 자유와 성취의 핵심이라는 점을 본능적으로 알고 있다. 하지만 합의에 도달하려면 시간이 너무 많이 걸린다는 점에 난감해한다.

'사례 2'의 예처럼 회의의 시간 부족은 사실은 시간의 문제가 아니라 기술의 문제일 수 있다.

1. 회의 시간 vs. 회의 기술
100층이 넘는 빌딩을 착공하여 준공하는 데까지 걸리는 시간은 5년 내외이다. 만약 세종대왕 시절에 이를 짓기로 했다면 얼마만큼의 시간을 예상했을까? 아마도 수백 년의 시간을 짐작했을 것이고, 그 논의는 시간이 부족하여 짓기 어렵다는 결론에 도달했을 것이다.
그러나 지금은 5년이면 지을 수 있는 것을 보면, 그것은 시간의 문제가 아니라 도구와 기술의 문제였다는 것을 알 수 있다. 회의할 시간이 없다는 것은 회의하는 도구와 기술을 가지지 못했다는 의미가 될 수 있다는 점을 알아챌 필요가 있다.

2. 시간 절약 vs. 시간 낭비
시간을 절약할 목적으로 구성원의 의견을 충분히 수렴하거나 합의에 도달하지 못한 채 리더가 단독으로 결정하는 경우, 일단 시간을 절약하고 조직의 효율성을 높인 것으로 보인다.
그러나 리더의 결정에 구성원들이 의문을 가지고 있고, 그리하여 그 일을 추진하는 과정에서 구성원의 의욕과 열정이 발휘되지 않는다면 그 일은 사실상 제대로 추진되지 못하고 실패할 위험성이 있다. 이 경우 결정하는 시간을 절약하는 것은 성공했을지 모르지만, 그 일의 효과를 내는 데는 실패한 것일 수 있으므로, 종합해보면 시간을 낭비한 결과가 될 수 있음을 인식할 필요가 있다.

구성원
– 자유와 성취의 상실

008

이상과 현실 사이에서 방황하는 구성원

조직을 창립할 당시, 구성원 전원이 깊은 논의를 거쳐 미션과 비전에 대하여 합의를 이루었다면, 그 조직은 구성원의 자유와 성취를 확장시켜주는 바람직한 조직으로 성장해갈 가능성이 높을 것이다. 반면에 그런 과정을 충분히 거치지 않았다면, 조직은 개인의 자유와 성취를 확장시켜주지 못하게 되고, 구성원은 조직이 원하는 방향과는 다른 방향으로 움직이는 존재가 되기 쉽다.

현존하는 대부분의 조직 구성원들은 그 조직의 창립 멤버가 아니다. 자신의 의지를 실현하기 위하여 조직을 결성한 창립 멤버들의 경우엔 비교적 자신의 의지와 조직의 의지가 쉽게 일치했을 것이다. 그러나 이미 만들어진 조직에 몸을 담게 된 구성원들의 경우에는 조직의 목적이 자신의 것과 일치하기 어렵다. 왜냐하면 그들이 조직에 들어갈 때 그 조직의 목표는 이미 정해져 있었기 때문이다. 회사의 브랜드 이미지나 업종에 대한 선호를 고려하여 취업한다고는 하지만 조직의 비전이나 미션이 자신의 것과 일치하는 수준이라고 보기는 어렵다. 다만 조직의 목표가 자신의 인생 목적에 크게 어긋나지 않는다면, 대부분은 보수를 받을 목적으로 그 조직을 선택한다.

그래서 조직은 구성원들에게 보수를 주는 대가로 조직의 목적을 위해 헌신해 달라고 요청한다. 그리고 조직의 요청에 따라 업무를 수행하게 되므로 구성원은 자유를 갖지 못한다. 조직 안에서 많은 일을 해내지만, 그것은 자신의 성취라기보다는 리더의 성취이거나 조직의 성취일 뿐이다.

성과 목표가 위에서 내려오고, 그 목표를 달성하기 위하여 노력하고 이루어낸 성취는 일 자체가 주는 성취가 아니다. 단지 그 성취의 대가로 받게 되는 보상으로서의 보수가 그의 성취가 될 뿐이다. 그리고 그 보수로 인하여 넓어진 선택(구매)의 여지가 그에게 증가된 자유가 된다.

이처럼 구성원들이 일 자체로서의 성취나 자유를 얻기는 매우 어렵다. 조직은 구성원들의 자유나 성취에는 관심조차 두지 않는다. 조직생활에서 개인의 자유를 포기한다는 것은 너무도 당연한 인식이 되어버렸다. 미션과 비전이 잘 공유된 창립 멤버들만으로 구성된 조직이 아니라면 개인의 목적과 조직의 목적을 일치시키는 일은 매우 어렵다. 창립 멤버 또한 시간이 지나면 초심이 퇴색할 수 있다. 완벽한 공정성을 유지하면서 운영하는 조직이 아니라면 소외감과 부당함을 느끼는 멤버가 생길 수 있으며, 그렇게 되면 그는 조직의 목표로부터 자신의 목표가 이탈되어가는 경험을 하게 된다.

개인의 목적과 조직의 목적이 일치되지 않은 상황에서 구성원들은 자신의 잠재력을 최대한 발휘하지 못한다. 최선을 다하지 않는 모습을 바라보는 조직의 리더는 구성원들의 행동이 못마땅하게 여겨진다. 구성원들은 자신을 지지하는 시선으로 바라보지 않는 리더에 대하여 신뢰와 충성심을 가지기 어렵다. 그리하여 근무의욕은 더욱 감퇴하고, 리더의 시선은 더욱 부정적으로 바뀌어 간다. 악순환이다. 훌륭한 조직을 만드는 것이 어려워진다.

그러나 구성원의 마음속에는 늘 성취하고 싶고, 무언가 잘 해보고 싶고, 성장하고 싶고, 의미 있는 삶을 살고 싶은 마음이 자리 잡고 있다.

조직을
함정에 밀어 넣는
인간관

009

자발성을 강요하는 리더

앞에서 든 예화처럼 마당을 쓸려고 빗자루를 들었는데, 바로 그때 누군가가 마당을 쓸라고 지시하면, 십중팔구는 쓸기 싫어진다. 왜냐하면 '세상의 변화를 나로부터 이루려는 깊은 욕구'가 손상되었기 때문이다. 누군가가 쓸라고 하기 전에 쓸어서 마당이 깨끗해졌다면 그 성취는 온전하게 마당을 쓴 사람의 것이 된다. 그에게는 마당을 쓸 것인지 말 것인지에 대한 결정권, 즉 자유가 있었다. 그리고 마당을 쓴 후에는 마당이 깨끗해진 성취감을 맛보게 되었다. 행복해진 것이다.

하지만 누군가가 쓸라고 한 후에 쓸었다면 거기에는 타인의 의지가 반영된 것이다. 마당을 쓴 사람의 의지는 무색해진다. 마당이 깨끗해진 결과는 온전히 마당을 쓴 사람의 것이 되지 못하며, 오히려 지시한 사람의 것이 되어 버린다. 자유도 없었고 성취도 그의 것이 되지 못한다. 즉 행복하지 못한 것이다.

조직에는 마당을 쓸라는 사람이 많다. 사람들은 조직에서 자유와 성취의 확장을 통하여 더 큰 행복을 얻으려고 하나, 조직은 그 행복을 쉽게 허락하지 않는다. 그것이 조직의 함정이다. 그렇지만 빗자루를 드는 사람이 세상에서 사라진 것은 아니다. 인간에게는 뼛속 깊은 자발성이 있으며 끊임없이 자유를 추구한다. 스스로 결정하고 성취를 위해 부단히 노력한다. 게다가 승리를 추구하기 때문에 그 노력은 매우 강력해진다. 즉 매우 자발적이 되는 것이다. 그러므로 우리는 빗자루를 든 사람의 자발성을 살려내는 방법을 찾아야만 한다.

많은 리더들은 조직 내 구성원들에게 자발성을 기대한다. 가장 함께 일하고 싶은 부하 직원이 누구냐고 물으면 대부분은 "주인의식을 가진 사람"이라고 대답한다. 문제는, 인간의 본성에는 자발성에 있는데 리더의 눈에는 자발성이 있는 직원이 없다는 것이다.

자, 리더와 구성원 사이에 어떤 일이 벌어지는지 자세히 살펴보자.

① 조직에서 리더와 구성원이 만난다.
② 둘은 서로 다른 의지를 갖고 있다.
③ 둘은 서로의 다른 의지를 확인한다.
④ 리더는 구성원에게 자신의 의지의 우수성을 설득한다.
⑤ 구성원은 리더에게 자신의 의지의 우수성을 설득한다.
⑥ 리더의 설득이 지속된다.

⑦ 구성원은 포기한다.

⑧ 리더의 의지대로 결정된다.

⑨ 구성원은 자유를 잃는다.

⑩ 리더는 성취의 대상이 생긴다.

⑪ 구성원은 성취의 대상을 잃는다.

⑫ 리더는 성취의 욕구가 높아진다.

⑬ 구성원은 성취의 욕구가 낮아진다.

⑭ 리더는 구성원을 통제한다.

⑮ 구성원은 자발성을 잃는다.

⑯ 리더는 구성원을 자발적이지 못한 존재로 인식한다.

⑰ 구성원은 리더를 독재자로 인식한다.

⑱ 리더는 구성원의 의지를 묻지 않는다.

⑲ 구성원은 리더에게 자신의 의지를 밝히지 않는다.

⑳ 주인과 하인의 관계가 된다.

이 과정에서 핵심은 '결정권', 즉 자유의 문제다. 리더가 구성원의 결정권을 박탈하고 자신의 결정권만을 행사함으로써 구성원은 성취의 의욕을 잃어버렸다. 리더가 지적한 구성원의 결여된 주인의식과 자발성은 사실 리더가 박탈한 것이다.

리더의 인간관이 조직 경영에 영향을 미친다

사람은 자신이 가진 프레임에서 벗어나기가 쉽지 않다.

이는 조직의 리더에게도 마찬가지이다. 리더의 행동이 궁금하다면 이를 지배하는 몇 가지의 숨어 있는 인간관을 살펴보자.

+ "구성원은 열등하다."

타인 특히 부하 직원은 자신보다 경험과 지식이 부족하여 현명한 결정을 내리기 어려울 것이라고 보는 인간관이다. 타인을 이렇게 바라보면 타인의 의지 또는 의견에 귀를 기울이기 어렵게 된다. 리더는 부하 직원의 말이 현명한 결정에 도움이 되지 않으리라 판단한다. 그래서 그의 주장에 귀 기울이기보다는 나의 현명한 판단을 얼른 전달하여 상대방의 열등함을 극복할 수 있도록 도와주는 것이 바람직한 행동이라고 생각하게 된다.

부하 직원에 대해 열등한 인간관을 가진 리더는 자신이 조직을 잘 이끌고 가야 한다는 사명감이 투철하고, 그래서 부하 직원을 잘 가르치기 위하여 노력한다. 틈만 나면 과거의 무용담을 이야기해 주며 부하 직원을 일깨우려 한다. 하지만 정작 성장에 필요한 학습 시간을 허락하는 것에는 인색하다.

+ "구성원은 주인의식이 부족하다."

일을 하기 싫어서 시키지 않으면 일을 하지 않고, 시킨 일도 늘 감시하지 않으면 제대로 해내지 못한다고 보는 것은, 구성원을 주인의식이 없고 자발성이 부족한 존재로 바라보는 인간관이다. 구성원을 이렇게 바라보기에, 리더의 주요한 역할은 업무를 지시하고 감시하는 것이 되어 버린다. 그렇지 않으면 조직은 성과를 낼 수 없고 구성원은 밥값을 할 수 없다고 여기기 때문이다.

리더들은 지시하지 않으면 일을 알아서 하지 않고 게으름을 피우는 구성원들을 실제로 많이 봐왔기 때문에, 자신들이 가진 부정적 관점에 대하여 의심하지 않는다. 그래서 때로는 질책과 책망을 통해 강하게 훈육하기도 하고, 자신만큼 사명감이 투철하지 못한 것을 개선하기 위하여 정신교육을 시도하기도 한다.

+ "인간은 이기적인 존재이다."

인간은 이기적이고 기회주의적이어서, 감시하지 않으면 조직에 손해를 끼치는 일을 하게 될 것이라고 보는 인간관이다. 이는 구성원들에게는 기본적으로 조직 전체를 위하여 자발적으로 협력하려는 마음이 없다고 보는 관점으로, 리더들은 그들에 대한 협력적 접근 자체에 관심을 갖지 않게 된다.

이 관점을 가진 리더는 부하 직원에게 자유를 주려 하지 않는다. 부하 직원에게 자유를 주면 그는 그 자유를 자신의 이기심을 충족하는 일에만 사용할 것이기 때문이다. 그러므로 구성원에게 의사결정 권한을 부여하는 것은 매우 위험하다. 구성원의 주장은 이기심의 발로이기 때문에 의심의 눈으로 주의 깊게 해석해야 하며, 그의 주장에 따르기보다는 감시하고, 받아들이기보다는 리더의 의지를 관철하는 것이 조직에 유리하다고 판단하는 것이다.

이러한 리더의 부정적 인간관들은 구성원의 자유를 제한하고, 그로 인하여 자발성을 손상시키며 낮은 성취를 나타나게 한다. 구성원이 보이는 낮은 성취는 리더의 부정적 인간관을 강화해주는 악순환의 구도를 만들고 만다. 반대로 긍정적 인간관을 가진 리더는 구성원을 신뢰하고 결정권을 부여함으로써 자발성을 촉진하고, 이는 높은 성취로 이어지는 선순환의 고리를 만들게 된다. 결국 리더의 인간관과 철학적 가치가 조직 전반에 크나큰 영향을 미치게 되는 것이다.

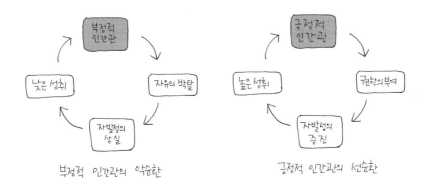

부정적 인간관의 악순환   긍정적 인간관의 선순환

: 리더의 인간관에 따라 조직의 경영이
  순환되는 구도가 달라진다

Drilling 자율과 자발

자율과 자발을 혼동하는 경우가 많으나, 이 둘은 서로 다르다. 자율의 핵심은 스스로 '결정하는' 것이고, 자발의 핵심은 스스로 '행하는' 것이다. 그러므로 자발은 자율이 있을 때 생겨나기 쉽다. 결정권이 없는 경우엔 자발적 행동이 일어나기 어려우므로, 자율성을 부여하지 않고 자발적으로 일하기를 기대하는 것은 노를 젓지 않고 배가 가기를 기대하는 것과 같다.

주인의식을 가진 자발적인 구성원을 기대한다면 구성원들에게 얼마나 자율성이 부여되어 있는지를 먼저 살펴야 한다. 의사결정권이 리더에게 몰려 있는 상황에서 구성원이 자발적으로 행동하는 일은 잘 일어나지 않는다.

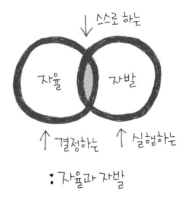

딜레마의
극복

010

리더의 선택이 시작점이다

그렇다면 리더와 구성원 간의 협력의 딜레마를 극복하고 함정에 빠진 조직을 구하는 방법은 없을까? 다행히 그럴 수 있는 방법이 있다.

앞에서 제시한 사례와 반대되는 고리를 만들면 된다.

① 조직에서 리더와 구성원이 만난다.

② 둘은 서로 다른 의지를 갖고 있다.

③ 둘은 서로의 다른 의지를 확인한다.

④ 리더는 구성원에게 자신의 의지의   ④ 리더가 구성원의 의견에 귀를 기울인다.
우수성을 설득한다.

⑤ 구성원은 리더에게 자신의 의지의 우수성을 설득한다.

⑥ 리더의 설득이 지속된다.

⑦ 구성원은 포기한다.

⑧ 리더의 의지대로 결정된다.

⑨ 구성원은 자유를 잃는다.

⑩ 리더는 성취의 대상이 생긴다.

⑪ 구성원은 성취의 대상을 잃는다.

⑫ 리더는 성취의 욕구가 높아진다.

⑬ 구성원은 성취의 욕구가 낮아진다.

⑭ 리더는 구성원을 통제한다.

⑮ 구성원은 자발성을 잃는다.

⑯ 리더는 구성원을 자발적이지 못한 존재로 인식한다.

⑰ 구성원은 리더를 독재자로 인식한다.

⑱ 리더는 구성원의 의지를 묻지 않는다.

⑲ 구성원은 리더에게 자신의 의지를 밝히지 않는다.

⑳ 주인과 하인의 관계가 된다.

⑤ 구성원은 리더에게 자신의 의지의 우수성을 설명한다.

⑥ 리더는 구성원의 의견 중 의문이 있는 점을 질문한다.

⑦ 구성원은 설명한다.

⑧ 리더가 구성원의 의지를 반영한다.

⑨ 구성원은 자유를 얻는다.

⑩ 리더는 지원의 대상이 생긴다.

⑪ 구성원은 성취의 대상을 얻는다.

⑫ 리더는 성취의 욕구가 높아진다.

⑬ 구성원도 성취의 욕구가 높아진다.

⑭ 리더는 구성원을 신뢰한다.

⑮ 구성원은 자발성을 가진다.

⑯ 리더는 구성원을 자발적인 존재로 인식한다.

⑰ 구성원은 리더를 후원자로 인식한다.

⑱ 리더는 구성원의 의지를 묻는다.

⑲ 구성원은 리더에게 자신의 의지를 밝힌다.

⑳ 모두가 주인이 된다.

여기에서 핵심은 리더가 구성원의 의지에 귀를 기울인다는 점이다. 리더가 구성원의 말에 귀를 기울일 수 있는 것은 구성원의 의지가 귀 기울일 만한 가치가 있다고 보기 때문이다. 만약 리더에게 이러한 긍정적이고 존중하는 인간관이 없다면 리더는 구성원의 의지를 아는 것이 시간 낭비라고 여길 것이다. 다시 말해, 귀를 기울인다는 것은 구성원이 늘 자신의 의지를 발언할 수 있도록 격려하고, 발언을 쉽게 할 수 있는 환경을 만들어 주며, 발언했을 때 섣불리 심판하지 않고 그가 하려는 진의가 무엇인지 귀를 기울이는 것을 말한다.

또 하나 중요한 점은, 듣는 것이 물리적인 청취만을 의미하는 것이 아니라는 것이다. 그것은 구성원의 의지를 정확하게 이해한 후 그 의지를 결정에 반영하는 것을 포함한다. 구성원의 의지가 결정에 반영될 때만 그 의지가 실현되는 것이며, 그곳에서 구성원은 성취의 대상을 얻고 성취를 위해 노력할 의미를 찾게 된다.

인간에게는 부정적 면과 긍정적 면이 동시에 존재한다. 리더는 어느 쪽을 바라볼지 선택할 수 있고, 그 선택에 따라 결과가 달라진다.

Chapter **3**

사람을
어떻게 바라보는가?

함정의
전환

긍정적
인간관

011

사람을 바라보는 눈

리더의 관점이 조직을 함정에 빠뜨릴 수도 함정에서 구할 수도 있다. 어떤 이들은 사람이 근본적으로 선하다는 성선설을 지지하고, 다른 이들은 사람이 근본적으로 악하다는 성악설을 지지하나 어느 한쪽도 완전하게 기울어진 지지를 받지는 못하고 있다. 아마도 사람은 누구나 양면성을 지니고 있으며, 어떻게 바라보느냐에 따라 그 사람이 다르게 인식되기 때문일 것이다.[4] 그러므로 인간이 원래 나쁜 존재인지 좋은 존재인지를 밝혀내는 것보다는 차라리 내가 상대방 또는 자기 자신을 어떤 존재로 바라보느냐가 더 중요할 것이다. 그것이 바로 인간관이다. 그 인간관으로부터 많은 것들이 달라진다.

자신을 근본적으로 나쁜 사람이라고 생각하는 사람은 거의 없다. 살아가면서 간혹 잘못을 저지르기는 하지만 거기엔 그만한 이유가 있었을 것

---

4 Frank, R. H. 1988, *Passions Within Reason: The Strategic Role of Emotions*.; New York: W.W. Norton (p.237)

이고, 그것도 근원적으로 악한 사람이어서라기보다는 여러 상황에서 그렇게 할 수밖에 없었던 나름 최선의 선택이었을 것이다. 하지만 타인을 바라보는 시선은 좀 다르다. 리더가 구성원을 바라보거나 구성원이 리더를 바라보는 관점은 너무도 상이하다. 리더가 바라보는 구성원은 왠지 게으르고 욕심쟁이이며, 요령 피우고, 무능력하고, 수동적인 반면, 구성원이 바라보는 리더는 왠지 권위적이고, 부당하고, 정치적이고, 편애하고, 비전문적이다.

이처럼 사람들은 자신에게는 관대하지만 타인에게는 엄격하다. 자신은 늘 무엇인가 정당한 일을 하고 있지만, 타인은 늘 부당한 일을 하고 있는 것 같다. 자신과 타인을 상이한 잣대로 평가한다. 늘 정당한 일을 하고 있는 나에게 누군가 잘못을 지적한다면 그 사람의 몰이해에 대하여 부당함을 느낀다. 하지만 늘 정당한 일을 하고 있을 타인에 대하여 정작 자신은 그의 잘못을 자주 지적하는 편이다. 타인이 나의 잘못을 지적하는 것이 부당하듯이, 내가 타인의 잘못을 지적했던 것도 부당했을 것이다. 달리 보면, 상대방이 나쁜 사람이 된 것은 단지 자신이 상대방을 그렇게 바라보았기 때문일 수 있다.

이렇게 말하면 혹자는 상대방이 나쁘다는 증거를 많이 들이대며 항변할지도 모르지만, 실은 그 나쁘다는 증거마저도 부정적 인간관에서 수집된 것들이 많다. 결국 상대방은 '나쁜' 것이 아니라 나쁘게 '보인' 것이다. 나아가 내가 상대방을 나쁘게 '본' 것뿐이다. 자신이 괜찮은 사람이라면 타인도 괜찮은 사람일 수 있다. 만약 그렇게 보이지 않는다면 자신의 관점과 인간관을 점검할 필요가 있다.

한편, 인간은 이기적인 존재이며 자신의 위대함을 추구하는 존재이다. 그러면서도 불완전한 언어를 구사하고, 같은 것을 보고도 다르게 인식한다. 사람들 사이에는 대립되는 이해관계가 존재하며, 각 사람은 행복을 추구하는 스타일도 다르다. 이러한 인간들로 모여 있는 구성원 각자의 의견을 잘 반영하는 조직을 만든다는 것은 참으로 험난한 길이 아닐 수 없다.

하지만 인간에게 내재한 또 다른 특징들은 우리에게 희망을 품게 한다. 인간은 늘 '효과성'을 추구하며, '잠재된 창의성'을 지니고 있다. 또한 '타고난 학습자'이고, '협력'할 줄 아는 존재이다. 이 네 가지의 속성은 반영 조직의 근간이 되는 긍정적 인간관으로 전환할 수 있는 단서가 된다.

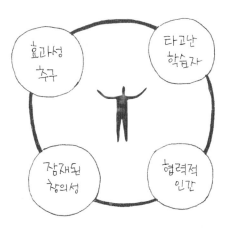

: 우리는 인간을 어떤 존재로 바라볼 것인가?

효과성
추구

012

사람은 누구나 늘 효과성을 추구한다

달리 말하면 항상 무엇인가를 잘 해보려고 한다는 것이다. 이것은 인간에게서 발견할 수 있는 매우 희망적인 요소이다. 예를 들어, 아침에 눈을 떴을 때 우리는 생각한다. '일어날까? 아니면 좀 더 잘까?' 일어난다면 지금부터 하루를 잘 시작해 보자는 것이요, 좀 더 잔다면 피곤한 몸 상태를 조금이라도 개선해 보자는 것이다. 결국 둘 다 잘 해보자는 것이다.

잠자리에서 일어나 출근하기 위해 옷을 고른다. 우리는 색상, 스타일, 혹은 세탁 여부 등을 따져 볼 것이다. 그리고 하나의 선택을 한다. 그 선택은 틀림없이 무엇인가를 잘 해보려 한 선택이다.

마찬가지로 A사의 스마트폰을 구입하든 B사의 스마트폰을 구입하든, 그것은 무엇인가를 잘 해보자는 것이다. A사의 디자인이 좋아서 선택하든 B사의 서비스가 좋아서 선택하든, 혹은 둘 중 하나가 가격이 저렴해서 선택하든 그것은 무엇인가를 잘 해보려는 선택이다. 다른 말로 하면 효과성을 추구한 것이다.

백화점에 가서 옷을 고르는 경우에도 우리는 효과성을 추구한다. 백화점을 가지 않고 아웃렛을 선택할 수도 있는데, 백화점을 선택하든 아웃렛을 선택하든 이 또한 각각의 효과성을 추구한 것이다.

이처럼 어떤 행동을 보더라도 사람은 늘 효과성을 추구한다. 이는 매우 희망적이다. 서로 잘 해보려 하는 것이며 창의, 열정, 협력의 가능성을 품고 있는 것이다. 이것은 자신만 그런 것이 아니다. 누구나 그렇다는 점을 기억해야 한다. 사람들은 '나는 효과적으로 일하는 존재인데 다른 사람들은 그렇지 않아.'라고 생각하기 쉽다. 그러나 그 생각이 정말로 타인의 비효과성 때문인지 아니면 자신이 편향적으로 바라본 인식 상의 오류 때문인지를 먼저 점검해야 한다.

다음의 질문들을 잘 활용해 보자.

"그 선택을 한 이유는 무엇인가요?"
"그 선택의 좋은 점은 무엇입니까?"

이 질문들은 타인이 추구하고 있는 효과성을 탐색하는 데 좋은 질문들이다.

누구나 효과성을 추구하지만, 효과성을 추구하기 위한 선택이 항상 옳다는 것, 즉 실제로 효과적이라는 의미는 아니다. 인간이 미래를 예측하는 데는 한계가 있고, 인과관계를 파악하는 능력도 제한적이다. 그러므로 효과성을 추구하기는 하지만 반드시 효과적이지는 않을 수 있다.

위험한 것은 효과적이지 않을 수 있다는 것 때문에 타인의 의견이나 행위를 쉽게 비판하고 무시하려는 사람들의 속성이다. 비판하기에 앞서 타인의 선택에 대하여 이유를 묻고 그것이 정말로 효과적인지에 대하여 좀 더 탐색해 본다면, 보다 정말 효과적이라는 것을 확인하거나 효과적인 새로운 방법을 찾아낼 수 있다. 이러한 과정을 생략한 채 타인의 의견을 성급하게 심판하면 사람들은 그 심판으로 인하여 기분이 나빠지고, 위축되며, 그 의지를 실현할 의욕과 자신감을 잃게 만들 수 있다.

자신이 효과성을 추구하고 있듯이 타인도 늘 효과성을 추구하고 있다는 신념은 내 의지만이 중요한 것이 아니라 타인의 의지도 중요하다는 인식을 갖게 해준다. 그리하여 내 목소리만이 아니라 타인의 목소리에도 귀를 기울이고 그로부터 도움을 얻을 수 있다는 희망을 갖게 한다. 조직의 구성원들이 서로 자신의 자유와 성취를 위해 효과적인 노력을 기울이고 있는 것이니 이를 확인하고 탐색한다면 서로가 서로에게서 배움을 얻고, 서로가 자신의 자유와 성취를 얻는 데 필요한 방법을 얻고, 이를 위하여 협력하는 것이 최선이라는 결론에 다다를 수 있게 될 것이다.

잠재된
창의성

013

사람은 누구나 창의성을 가지고 태어난다

우리는 인생을 살면서 수많은 경험을 하게 되고, 그 과정에서 다양한 의견을 품게 된다. 이는 창의적인 생각의 밑거름이 된다. 그러나 여러 가지 이유로, 그렇게 쌓인 다양한 생각을 밖으로 꺼내 놓는 것에는 서투르다. 그리고 이렇게 꺼내지 못하거나 꺼내지 않는 현상을 바라보면서, 사람들은 서로가 창의성이 없다고 말한다. 하지만 사람들은 늘 엉뚱한 생각을 하기도 하고, 자신이 처한 상황을 개선하기 위하여 이런저런 궁리를 하기도 한다. 누군가 이러한 속마음을 밖으로 꺼낼 수 있도록 도와준다면 그들도 창의적인 결과물을 내놓게 될 것이다.

대학의 교수들은 질문하지 않거나 교수의 질문에 대답하지 않는 학생들에게 불만을 표하곤 한다. 요즘 학생들은 질문도 하지 않고 호기심도 부족하며, 자기의 의견을 당당하게 말할 줄 모른다며 탄식한다.

이러한 탄식은 기업에서도 똑같이 일어난다. 리더들은 요즘 신입사원들이 주입식 교육을 받아서인지 창의성과 적극성이 부족한 것 같다며 아쉬워한다. 그러나 평균 연령이 75세인 시골 마을에서도 창의적인 아이디어는 도출되며, 주입식 교육을 받은 요즘 대학생들에게서도 창의적인 의견은 얼마든지 나온다. 중요한 것은 창의성이 나오도록 도와주는 사람이 필요하다는 것이다.

유명한 미켈란젤로의 다비드상에 관한 일화가 있다. 사람들이 이토록 훌륭한 다비드상을 어떻게 조각할 수 있었냐고 질문하자, 미켈란젤로는 이렇게 말했다고 한다.

"다비드상은 원래 이 바위 속에 있었습니다. 나는 그 중 불필요한 부분을 제거했을 뿐입니다."

보편적인 사람의 창의성도 이와 비슷하다. 사람은 누구나 창의성을 지니고 있다. 보석같은 의견을 이미 마음속에 품고 있다. 그 보석같은 창의성을 가로막고 있는 심리적 공포와 표현방법의 미흡함이 있을 뿐이다. 그러므로 필요한 것은 쉽게 꺼낼 수 있도록 도와주는 것, 즉 불필요한 근심을 걷어내 주는 것이다. 마음 편하게 이야기할 수 있는 분위기를 조성하고, 하나의 아이디어가 다른 아이디어와 결합할 수 있는 환경을 조성하고, 말로 표현하기 어려우면 글로 쓰게 하고, 만들어 보게 하면 된다. 제시한 아이디어로 인하여 불이익을 받지 않도록 하는 장치를 마련하는 것도 필요하다.

그러므로 구성원에게 창의력이 없다고 나무랄 일이 아니다. 창의력을 기르는 특별한 교육훈련에 많은 투자를 할 일도 아니다. 구성원은 본디 창의력을 지니고 있으며, 관건은 리더가 구성원이 편하게 의견을 말할 수 있도록 돕고 그 제시된 의견을 잘 반영하는 기술을 지니는 것이다. 그리고 그 기술을 통하여 구성원의 의견을 실제로 잘 반영해 내는 것이다.

한편 창의적 아이디어는 원래 사람들 속에 들어있던 것이기도 하지만 다른 사람과의 상호작용 속에서 생겨날 수 있다. 구성원의 서로 다른 경험, 지식, 이해관계를 꺼내놓고 논의하는 과정에서 평소에 생각하지 못한 전혀 새로운 아이디어를 만들어 낼 수 있는 것이다. 이는 개인을 뛰어넘는 '그룹의 창의성'이라는 존재를 짐작하게 한다. 그리고 이를 실현하는 방법에 대한 관심을 불러오기도 한다.

타고난
학습자

014

사람은 누구나 타고난 학습자이다

수많은 기업교육 또는 공무원 교육의 현장에 가보면 상당한 수강자들이 포로⁵로 잡혀 온 경우라는 것을 알게 된다. 포로로 잡혀 온 이들은 수업 태도도 좋지 않고 배움에 대한 의지도 적어 교육 효과를 높이기가 어렵다. 이러한 교육생⁶을 많이 보아온 리더들은 구성원에 대하여 학습에 별 관심이 없는 '비학습적 인간'으로 보는 시각을 갖게 된다.

조직은 성과를 내기 위하여 구성원들이 꾸준히 학습하기를 기대하고 있다. 때문에 비학습적 태도를 보이는 구성원에 대해 서운함과 비판적 인식을 갖게 된다. 사실은 비학습적 태도를 가진 구성원들이 교육을 받으러

---

5 자신은 교육을 받을 의지가 없음에도 불구하고 조직의 징책이나 규칙에 의하여 마지못해 교육에 끌려온 사람을 비유한 말이다.

6 교육생과 학습자는 동일한 대상을 지칭하는 말이지만 그 대상을 바라보는 관점은 매우 다르다. 교육생은 교육의 대상이라는 의미로서 교육자가 주체라는 관점이 담겨져 있고, 학습자는 학습하는 사람이 주체라는 관점이 담겨져 있다. 주체를 누구로 보느냐는 교육 또는 학습 방법의 선택에 중요한 영향을 미친다.

가는 것 자체가 조직으로서는 못마땅하다. 조직에게 교육이 필요하긴 하지만, 구성원이 비학습적 태도로 교육을 받으면 그 시간을 효과적으로 쓰지 않고 시간만 낭비한다고 생각하기 때문이다.

상황이 이렇다 보니 리더들은 바람직한 태도를 가지라는 식의 정신교육 프로그램을 구성원에게 제공한다. 하지만 구성원들은 이러한 교육에 회의적인 시각을 갖게 되고 학습에 전념하지 않는다. 그러면 이러한 모습을 바라보는 리더들은 정신교육의 필요성을 더욱 강조한다. 결국 악순환만 반복되는 것이다. 그런가 하면 교육기관에서는 졸리고 지루해하는 교육생들을 위해 재미있는 교육 혹은 졸 수 없는 교육을 지향한다. 하지만 의미 없이 졸 수 없기만 한 교육에선 배울 것이 없다. 이 역시 악순환이다.

그러나 인간은 사실 타고난 학습자다. 아이는 태어나자마자 엄마의 젖꼭지가 어디에 있는지 학습한다. 걷기 위해서도 수없는 넘어짐을 반복하며 끊임없이 노력한다. 친구들과의 놀이에서는 이기려는 방법을 탐색하고, 게임을 시작하면 게임에서 승리하기 위한 한없는 학습에 빠져든다. 스마트폰을 살 때면 가장 합리적으로 구매하는 것이 어떤 것인지 학습한다. 인터넷을 검색하고, 친한 사람에게 자문을 구하기도 한다. 모두가 학습이다. 아파트를 구입할 때나 자동차를 구입할 때도 마찬가지다. 주식을 하는 사람은 주식에 관한 책을 읽거나 동영상 강의를 청취한다. 사람은 필요성을 느끼면 늘 학습한다. 사람은 누구나 효과성을 추구하고 지금보다 더 잘하려고 하기 때문에, 이를 위해 학습이 필요하면 반드시 학습을 한다. 자신이 추구하는 바에 도움 된다고 여기면 열심히 학습한다. 학습은 효과성을 추구하는 데 있어 필수적인 요건이다. 학습의 결과 효과성이 늘어나고, 효과성이 늘어나면 성취가 많아진다.

　조직 안에서 구성원들은 자신의 어떤 행동이 자신에게 가장 효과적인지를 학습한다. 게으름을 피우는 것이 유리한지, 최선을 다하는 것이 유리한지를 학습한다. 게으름을 피우는 사람과 최선을 다하는 사람의 결과를 관찰하여 자신의 행동 지침으로 삼는다. 살아있는 학습이고 타고난 학습자라는 명백한 증거이다.

　자신의 상황을 유리하게 하려고 노력하는 구성원들의 학습의지는 반영 조직의 큰 근간이 된다. 구성원들이 효과적이라고 생각하는 것을 반영하기 시작한다면, 구성원들의 효과성 추구라는 열정이 살아날 것이다. 그리고 학습을 통하여 일을 더 잘하는 방법을 늘 찾아갈 것이다. 무엇을 하고 싶은지 그래서 무엇을 배우고 싶은지를 구성원에게 물어보면 구성원은 그가 이미 학습한 지식과 신념을 바탕으로 대답할 것이다. 그 대답을 조직에 반영한다면, 그 조직은 구성원의 열정으로 뜨거워질 것이다.

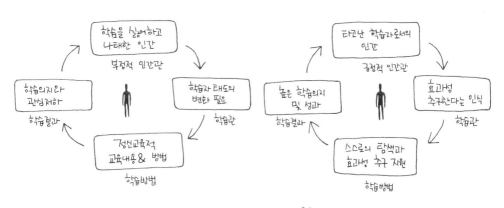

: 인간관에 따른 학습의 순환구조

협력적
인간

015

협력은 인간의 본능이다

인간은 본능적으로 어떤 무리에 속하고 싶어 한다. 혼자 사는 것보다 무리를 지어 사는 것이 유리한 것을 본능적으로 알고 있기 때문이다. 무리에 속한다는 것은 자신이 보호받고 싶다는 이기적 선택이지만, 협력을 통해 그것이 이루어지므로 결국 서로 협력하고자 한다는 뜻이 되기도 한다. 혼자서는 사실 생존조차 할 수 없다. 그러므로 본질적으로 인간은 협력을 갈망하는 존재이다.

사람이 이기적인 존재임을 확인할 증거들이 무수히 많고 쉽게 눈에 띄지만, 조금만 자세히 들여다보면 협력적[7] 존재임을 보여주는 증거들도 무수히 많다는 것을 알 수 있다. 협력 역시 결국 자신의 이익을 위하는 이기심의 발로라고 보기도 한다. 이기적 존재임을 부인하지 않더라도, 어쨌든 현실적으로는 협력하는 행동을 보이는 것이 인간이다. 반영조직을 말하

---

7 인간의 '이기성'에 대한 반대말로 '이타성'을 말할 수 있지만, 인간의 이기성과 대치되는 개념인 이타성보다는 병립할 수 있는 개념으로서의 '협력성'으로 설명하는 것이 조직의 상황을 이해하는데 편리하여 선택한 개념이다.

는 데 있어서 인간의 협력적 행동의 근원을 이기성의 발로로 보든 협력성 그 자체로 보든 그것은 그리 중요한 것이 아니다. 조직 안에서 인간의 협력적 행동이 매우 중요한 역할을 한다는 것을 보여주는 것만으로 충분하기 때문이다.

혼자서는 살 수도 없으므로 생존이라는 이기적 이유로 무리를 이룬다. 개인은 무리로부터 보호를 받아 생존이 가능해진다. 그러나 무리로부터 내가 보호를 받으려면 누군가가 나를 보호해주어야 하고, 그것은 나도 누군가를 보호해줄 때 서로의 관계가 지속될 수 있다는 것을 뜻한다. 인류가 진화하면서 이제는 굳이 계산하지 않더라도 협력이 당연한 것이 되었다. 그리하여 일방이 보상 없이 또는 오랫동안 상대방을 도와주는 일도 일어난다. 인간은 충분히 협력적으로 살 가능성을 지니고 있다.

내 업무가 아닌 일에 대해서 자발적으로 도와주기도 하고, 길 가다가 무거운 짐을 처리하느라 끙끙대는 모습을 보면 힘을 보태주기도 한다. 가족을 위해 희생하고, 국가를 위해 목숨을 바치기도 한다. 무료로 글을 써서 올리는 것으로 유명한 위키피디아에는 수백만 개의 수준 높은 글들이 올라와 있다. 모두 무료로 기고한 글이다.

일을 할 때는 동료 직원의 협력을 기대하고, 타부서와의 협조를 희망하기도 한다. 동료의 협력과 부서 간의 협조가 잘 이루어지면 일이 더 잘 될 것이라는 기대감을 가지고 있다.

그러나 현실 세계에서는 그런 일이 잘 일어나지 않는다. 왜 그럴까? 다음 세 가지의 이유를 생각해 볼 수 있다.

첫째, 교환적 이유이다. 내가 하는 협력이 타인 또는 타 부서에 도움을 주고 나아가 조직 전체에는 도움을 주겠지만, 그것이 나에게도 도움이 되는지에 대해서는 확신을 갖지 못하기 때문이다.

둘째, 공정성 이유이다. 협력에 투입하는 나의 노력이 다른 사람의 노력에 비하여 부당하게 많은 것인지 확인이 되지 않았기 때문이다. 비슷한 노력 또는 희생을 하는 것이라면 기꺼이 협력하겠지만, 혹시라도 나만 그러는 것이라면 바보가 되는 것 같은 느낌이 들게 될 것이다.

셋째, 쾌락적 이유이다. 일 자체가 주는 즐거움이 적기 때문이다. 일 자체가 주는 내재적 즐거움이 크다면 그것이 협력이든 아니든 상관이 없이 시도할 것이다. 사람들이 게임을 좋아하는 것은 게임 자체가 주는 즐거움이 크기 때문이다. 일 자체가 주는 즐거움이 적다면 일을 더 하는 것으로 인하여 자신이 감당할 만한 손해와 이득에 대해 민감하게 된다. 만약 손해가 작거나 이득이 큰 경우가 아니라면 협력을 잘 시도하지 않을 것이다.

반영조직은 이처럼 마음 깊은 곳에 자리 잡고 있는 계산과 걱정을 편하게 꺼내놓고 말할 수 있도록 효과적으로 돕고, 이를 실제로 반영하는 조직이다. 그리고 진심으로 자신의 의지에 기반을 둔 일을 하도록 도움으로써, 일의 결과로 얻어지는 이득에서뿐 아니라 일 자체로부터도 즐거움을 경험할 수 있도록 돕는 조직이다.

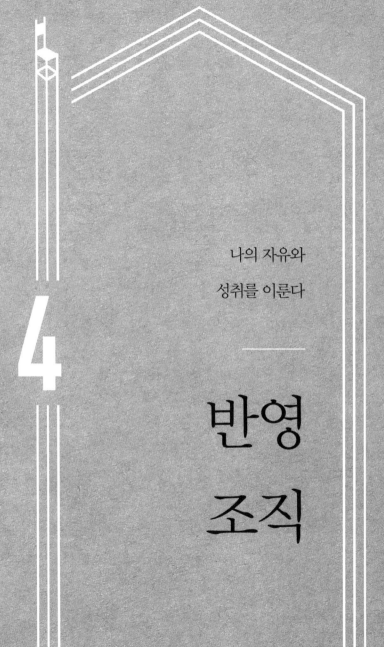

Chapter **4**

나의 자유와

성취를 이룬다

반영

조직

반영조직의
개념

016

　　반영조직(Reflecting Organization)이란 '구성원들의 의지[8]가 조직의 의사결정에 늘 반영되는 조직'을 말한다. 구성원 각자의 의지가 반영되는 과정을 통하여 그들의 자유와 성취가 실현되고 창의와 열정과 협력이 넘쳐흐르는 멋진 장소가 바로 '반영조직'이다. 이렇게 될 때 구성원들은 일터에서 자아를 실현하고, 조직은 높은 성과를 거두게 된다.

　　반영조직의 핵심은 조직 구성원의 의지가 반영되는 것이다. 리더의 의지만 중시되고 리더에 의하여 주된 의사결정이 일어나는 조직이 아니라, 조직 구성원의 의지에 따라 구성원이 의사결정의 주체가 되는 것이다. 구성원의 의지가 반영되기 때문에 조직 구성원의 자유와 의지가 실현되고, 구성원의 성취가 조직의 성취와 일치된다.

---

8 의지의 반영보다는 의견의 반영이 더 자연스런 표현이지만, 의견은 의지를 실현하기 위하여 가지는 어떤 의미를 지닌 정보의 표현이라고 볼 수 있고, 의지는 그런 의견들의 집합을 통하여 실현하려는 궁극의 지향이라고 볼 때 보다 큰 의미를 담을 수 있어서 의지라는 단어를 선택하여 사용하였다. 다만, 문맥상 자연스러움을 위하여 혼용하여 사용하기도 하였다.

반영조직은 구성원에 대한 긍정적 인간관이 기초를 이룬다. 사람은 누구나 무엇인가를 시도하려는 의지를 갖추고 있고, 그 의지를 보다 더 많이 실현하기 위하여 다른 사람과의 협력을 원한다. 이것은 「제2장」의 '사례1'에서 보았던 것처럼, 사슴을 잡으려는 의지가 있지만 혼자서는 잡을 수 없으니 부족의 다른 사람과 협력하려는 것과 같다.

다음의 사례를 보자.

사례 3

식량이 떨어져 배가 고프게 된 부족은 사냥을 위한 작전회의를 개최했다. 어떤 사람은 사슴을 잡자고 하고, 어떤 사람은 토끼를 잡자고 했다. 그 회의의 리더는 염소를 잡고 싶었다. 하지만 리더는 부족원들의 의견에 관심을 기울였다. 그리고 그들이 왜 그 동물을 잡고 싶어 하는지를 진지하게 들어보았다. 그랬더니 사슴을 잡고 싶어 하는 부족원의 집에 환자가 있는 것을 알게 되었으며, 그 환자가 사슴 고기를 먹고 싶어 한다는 것을 알게 되었다. 결국 리더는 자신의 염소 사냥 의지를 포기하고, 구성원의 의지를 반영하여 의사결정을 내렸다. 그 부족은 사슴 사냥에 나가게 된 것이다.

이 경우, 의사결정은 리더에 의해 이루어진 것이 아니다. 그것은 실제로 구성원에 의한 결정이었다. 혹은 리더와 구성원의 합의에 따른 결정이라고 볼 수도 있다.

구성원이 사슴을 원했던 것은 리더보다 지식과 경험이 열등했기 때문도 아니고, 자신의 이익만 챙기려는 이기심 때문도 아니었다. 거기에는 가족을 생각하고 사랑하는 마음이 담겨 있었다. 만약 리더가 이 마음에 귀 기울이지 않았다면, 이 구성원의 의지는 무시되고 그의 자유와 성취는 조직 안에서 확장될 수 없었을 것이다.

경험에 대한 도전

하지만 반영조직은 그리 간단한 것이 아니다. 조직에는 구성원이 한 두 사람만 있는 게 아니기 때문이다. 거기에는 훨씬 더 많은 사람들이 있다. 그 많은 사람의 의지를 하나로 묶어내기는 쉽지 않다. 어떤 구성원 한 사람의 의지를 반영하는 것은 다른 사람의 의지를 무시하는 결과가 될 수도 있다. 게다가 구성원의 의지가 선의가 아닌 악의에서 출발한 것일 수도 있다. 자신의 이기심과 기회주의적 발상으로 의견을 내는 경우, 이를 받아들이고 존중하는 일은 자칫 조직 전체에 해가 될 수도 있게 된다. 또한 경험과 지혜가 있는 리더의 의견을 포기하는 것이 정당한 것인가에 대하여도 고민스러운 부분이다. 결국 다수의 의지를 하나로 모으지도 못하고 악의적인 의지를 처리하지도 못한다면, 반영조직은 비록 근사해 보이지만 취약한 조직이 될 수밖에 없다.

시간도 문제가 된다. 서로 다른 구성원의 의견들이 쉽게 모이고 하나의 결론에 도달하면 좋겠지만, 서로의 입장과 이해관계가 다른 상황에서 주어진 시간 안에 합의를 이루어낸다는 것은 만만한 일이 아니다. 이런 모든 제약이 바로 조직의 단독결정을 이끌었다. 경험 있는 한 사람이 최종 의사결정을 내린다면 효율적이고 현명한 결론에 도달할 것이고, 그것이 조직 구성원에게도 도움이 될 것이라는 믿음이 생긴 것이다. 그러나 그 단독결정은 구성원의 자유와 성취를 박탈하게 되었고, 그로 인하여 구성원들은 일하는 재미를 잃고 주인의식을 갖지 못한 저성과자가 되어 버렸다. 혹은 이직을 마음에 품고사는 잠재적 이탈자가 되어 버렸다.

반영조직은 구성원의 의지가 존중되어야 한다는 철학을 가지고 있으며, 구성원의 의지를 하나로 모으는 과정을 잘 알고, 그 과정에서 높은 효율을 내는 도구와 기술을 가진 조직이다. 그 핵심 도구와 기술이 없다면 조직은 결정을 내리는 데 너무 많은 시간을 소비할 것이며, 조직 전체의 효과성도 낮아질 것이다. 그러나 반영조직은 의지와 의견을 모으는 기술에 탁월하고, 이를 통하여 창의와 열정과 협력을 만들어낸다.

소통과
반영

017

　　최근 수년 동안 "소통"이라는 말은 우리 사회에서 유행
어처럼 자주 쓰는 말이 되었다. 소통이 잘 되어서가 아니라, 오히려 잘 되
지 않기에 자꾸 강조하게 된 것이다. 소통은 우리 사회와 조직의 큰 화두
가 되고 있다.

　소통은 정치에서도 자주 등장하고 있지만, 조직의 문제나 공동체의 문
제를 다루는 데에서도 지속적인 관심과 논의의 대상이 되고 있다. 소통이
조직의 문제를 해결하는 핵심 요소라는 것을 잘 알기 때문이다.

　안타까운 일은 수많은 정치인, CEO, 지역 리더, 임원, 팀장들이 리더
의 자리에서 소통을 강조하고 이를 증진하기 위한 노력을 기울이고 있지
만, 좀처럼 소통은 증진되지 않고 있다는 것이다. 구성원들 역시 늘 소통
을 갈구하고 또 이루려는 노력을 하고 있지만, 여전히 소통은 어렵고 우
리 조직과 공동체가 풀어야 할 가장 큰 숙제로 남아있다.

그렇다면, 그토록 많은 사람들이 소통을 강조하지만 우리는 왜 소통에 실패하는가? 이 질문은 '소통의 본질'에 대한 물음으로 거슬러 올라간다. 우리가 당연하게 늘 말하고 있는 소통의 의미는 과연 무엇일까?

소통의 본질은 무엇인가

우리는 소통이 무엇인지 그 목적하는 바를 명확하게 알아야 소통을 증진할 수 있고 소통의 문제를 해결할 수 있다. 과연 우리는 이 시대에 일컬어지고 있는 '소통'의 의미를 제대로 파악하고 있는 것인가? '소통을 한다'는 것은 무엇을 한다는 것인가?

《표준국어대사전》에는 소통을 다음과 같이 설명하고 있다.

"뜻이 서로 통하여 오해가 없음"

그러나 여기서는 '통'이라는 말을 그대로 반복하고 있어, 소통의 본질을 밝혀주지는 못하고 있다.

소통과 가장 가까운 영어단어인 'Communication'에 대한 merriam-webster.com의 풀이는 다음과 같다.

"a process by which information is exchanged between individuals through a common system of symbols, signs, or behavior"(상징, 신호, 혹은 행동의 공통된 방식을 통해서 개인 간의 정보를 교환하는 과정)

즉, 정보의 '교환'을 소통의 핵심으로 말하고 있다.

그런가 하면, 위키피디아에는 'Communication'에 대해 다음과 같이 설명하는 문장이 나온다.

"The communication process is complete once the receiver understands the sender's message."(소통의 과정은 화자의 메시지를 청자가 이해할 때 완성된다.)

이 문장의 핵심 단어는 'Understand'로서, 화자의 메시지가 '이해'되었을 때 커뮤니케이션이 완성된다는 것이다. 즉, '이해'를 소통의 본질로 보고 있는 것이다.

이 국어사전의 풀이나 영어사전의 풀이, 그리고 위키피디아의 설명은 조금씩 차이가 난다. 즉, 소통을 '통'하는 것, '교환'하는 것, '이해'하는 것으로 보고 있다. 그러나 이것들은 왠지 우리가 이 세대에서 말하고 있는 소통을 설명하는 데는 조금 부족해 보인다. 사전이나 학문적 정의는 위와 같다고 하지만, 이 시대의 우리는 "소통"이라는 말을 가지고 위의 뜻과는 다른 어떤 것을 말하고 있는 것은 아닐까?

실제 생활에서 사용하는 소통의 의미를 탐색해보자. 매우 흥미로운 점을 발견할 수 있다.

대학생들이 등록금이 너무 비싸다며 반값으로 해달라고 대대적으로 요청한 적이 있다. 이때 정부는 학생들의 메시지를 전달받았다. 그리고 정부는 정부의 입장을 학생들에게 전했다. 즉 메시지의 교환을 이루어낸 것이다.

이 상황에서 소통이 제대로 되었다고 생각하는가? 아무래도 아닌 것 같다.

정부가 학생들의 주장(메시지)을 이해하지 못했는가? 아니다. 이해도 했다. 하지만 학생들은 정부와 소통이 되었다고 느끼지 못하는 것 같다. 분명 '교환'도 되고 '이해'도 되었지만, 여전히 소통된 것 같지는 않다. 그렇다면 무엇이 소통의 본질일까?

소통의 본질이 무엇이냐는 질문에 사람들은 흔히 '공감'이라는 대답을 하곤 한다. 공감은 다른 사람이 겪고 있는 것을 그 사람의 입장에서 같은 생각이나 감정을 동일하게 느낄 수 있는 능력을 말한다. '이해'가 소통의 본질이 아니라면, 과연 '공감'이 소통의 본질일까?

《표준국어대사전》에는 공감을 다음과 같이 설명하고 있다.

"남의 감정, 의견, 주장 따위에 대하여 자기도 그렇다고 느낌. 또는 그렇게 느끼는 기분"

남을 '이해하는' 것에서 남을 '느끼는' 것으로 발전했다. 머리에서 가슴으로 옮겨와서 더욱 절실해진 상황으로 여겨진다.

공감과 가장 가까운 영어단어인 'Empathy'에 대한 merriam-webster.com의 풀이는 다음과 같다.

"the feeling that you understand and share another person's experiences and emotions : the ability to share someone else's feelings (타인의 경험과 감정을 이해하고 공유하는 느낌 : 타인의 감정을 공유할 수 있는 능력)"

즉, 느낌과 경험의 '이해와 공유'를 공감의 핵심으로 말하고 있다. 단지 아는 것만이 아니라 그 감정을 같이 느끼는 것을 말한다.

위키피디아에서의 'Empathy'에 대한 설명은 '이해와 느낌'을 중심에 두고 있다.

"Empathy is the capacity to understand or feel what another being (a human or non-human animal) is experiencing from within the other being's frame of reference, i.e., the capacity to place oneself in another's position. [공감이란 다른 존재(인간 또는 다른 동물)가 그의 관점(준거틀)에서 경험하고 있는 것을 이해하고 느끼는 능력이다. 예: 자신을 타인의 입장에 위치시킴]"

종합해보면, 공감이란 자신의 위치나 입장에서 상대방의 위치나 입장으로 옮겨가서 그 상황을 아는 것만이 아니라 상대방과 같은 느낌이 들게 되는 것이라고 볼 수 있다.

상황 2

초등학교 2학년인 아들이 있다. 어느 날 학교에서 돌아오더니 최신형 스마트폰을 사달라며 엄마를 조른다. 엄마는 평소 자녀와의 소통에 관심이 많고 공감 능력도 뛰어나다.

"아! 우리 아들, 스마트폰을 갖고 싶구나. 엄마가 너라도 정말 갖고 싶을 것 같아. 너희 반 친구들도 많이 가지고 있지? 좋은 걸 사서 아이들에게 자랑도 하고 뽐내고 싶겠구나. 그래, 우리 아들, 얼마나 갖고 싶을까?"

아들은 스마트폰을 갖고 싶은 마음에 사로잡혀 있고, 엄마는 이렇게 말하며 아들을 많이 공감해주었다. 정말 아이가 갖고 싶어 할 마음과 같이 간절한 마음마저 들었다. 하지만 스마트폰을 사주지는 않았다.

이때 아이는 엄마와 소통이 된다고 느낄까?

아니다. 분명 '공감'을 했음에도 불구하고, 엄마의 입장에서는 무리한 요구를 하는 아들과 소통이 되지 않는다고 느낄 것이고, 아이의 입장에서는 스마트폰을 사주지 않는 엄마와 소통이 되지 않는다고 느낄 것이다. 그렇다면 소통은 무엇을 말하는 것일까?

상황 3

어려운 회사 사정을 부하 직원들에게 열심히 역설하면서 이것저것 할 일들을 요청하는 상사가 있다. 그의 바람은 부하 직원들이 회사의 사정을 보다 정확히 알고 좀 더 열심히 회사를 위해 일하는 것이다.

하지만 이 이야기를 듣고 있는 부하 직원의 마음은 편치 않다. 그는 이런저런 대꾸를 하고 싶지만, 분위기 때문에 그럴 사정이 되지 못한다.

부하 직원들과 소통하고 싶어서 이렇게까지 얘기했음에도 그들이 제대로 반응하지 않자, 상사는 요즘 직원들과는 소통이 어렵다고 느낀다. 부하 직원들 역시 답답한 상황을 경험하며 회사에서는 소통이 안 된다고 생각한다.

반영이 이루어질 때 우리는 소통이 되었다고 말한다.

하지만 위 세 가지의 상황에서 살펴본 것처럼 소통의 본질을 교환, 이해, 공감으로만 보기에는 부족함이 있다. 그렇다면 소통의 본질은 어디에 있는 것일까?

이 시대에 우리가 말하고 있는 소통의 본질은 '반영'이라 할 수 있다. 반영이란 '타인의 의지에 의하여 그 의지한 방향으로 어떤 변화가 일어나는 것'을 말한다. 조직의 경우에는 '구성원의 의지에 의하여 그 의지에 따른 어떤 변화가 일어나는 것'이라고 할 수 있다. 구성원의 의견이 조직에 반영되었을 때, 즉 어떤 후속 변화가 일어났을 때 사람들은 소통이 된다고 느낀다.

이는 성취와 관련된다. 어떤 변화도 없다면 성취도 없는 것이기 때문이다. 이해를 증진하거나, 공감을 높이는 것만으로는 소통의 증진이 이루어지지 않는다. 이해나 공감을 넘어 구성원의 의견이 결정 및 후속 행위에 반영되도록 해야 비로소 소통이 증진된다. 이해나 공감은 소통의 전제조건일 뿐 소통의 본질이 아니라고 할 수 있다.

구성원의 의견을 모두 반영하는 것을 '수용'이라 하며, 구성원 각자의 의견들을 절충해서 반영하는 것을 '합의'라 한다. 이렇게 수용 혹은 합의를 하면 '결정'이 이루어지게 되는데, 결정을 내리는 이유는 어떤 후속 행위, 즉 실행을 하기 위해서이다.

따라서 반영의 일반적인 형태는 구성원의 의견이 실행에 적용되는 것으로 나타난다. 다시 말하면 구성원 개개인의 의견이 결정에 미치는 0%에서 100% 사이의 영향을 반영이라고 할 수 있다. 그러므로 소통의 본질은 '반영'이고, 반영은 구성원의 의견이 어떤 변화를 가져오도록 영향을 미치는 것인데 그 일반적인 형태는 결정에 영향을 미치고 그 결정이 실현되어 바라던 변화가 이루어지는 것이라 할 수 있다.

이 점이 반영조직의 핵심이다. 반영조직은 구성원 간에 소통이 활발하게 일어나는 조직이고, 그 소통이란 바로 구성원의 의지가 조직의 의사결정에 반영되는 것을 뜻한다. 이 과정은 또한 구성원의 자유와 성취가 조직을 통해서 실현되는 과정이 된다. 구성원의 의지가 잘 반영되면 조직에서는 창의와 열정과 협력이 살아난다.

0% 의견의 반영   100% 의견의 반영

: 무언가 결정하는데 있어
구성원의 의견은 과연 어느 정도 반영되고 있는가?

이 소통을 반대편에서 보면 다른 상황이 전개된다. 대립하는 의견이 존재하는 경우, 상대방의 소통은 자신에게는 불통이 될 수 있다. 대학생들이 반값 등록금 요구를 관철하려 하면 정부는 학생들이 고집불통이라고 느낄 것이고, 학생들은 요구를 들어주지 않는 정부를 불통 정부라고 생각할 것이다. 아이로서는 스마트폰을 사주는 엄마가 소통하는 엄마지만, 엄마로서는 아이의 고집으로 인해 자식과는 소통이 잘 안 된다고 생각하게 될 것이다. 이처럼 누구에게는 소통이 상대에게는 불통이 된다. 이것이 바로 소통의 실패다.

한 사람에게는 성공적인 소통이 다른 사람에게 불통이 되는 소통의 실패를 해결하려면, 서로 다른 사람들의 의견을 모두 반영하는 반영의 기술이 필요하다. 반영의 기술에 의한 소통의 실현은 많은 사람들의 답답하고 상처받은 마음을 치유하고 또 예방하는 길이 될 것이다.

	장기효과(Impact) 의지에 따른 궁극적 결과가 나타남
	효과(Outcome) 의지에 따른 효과가 나타남
	결과(Output) 의지에 따른 후속행위의 산출물이 완성됨
	실행(Execute) 의지에 부합하는 후속행위를 시도함
	결정(Decide) 의지에 따른 행위를 위한 최종 결정에 다다름
	반영(Reflect) 의지가 타인의 일정한 행위에 영향을 줌
	공감(Empathy) 의지의 발원자와 같은 심리적 상태에 다다름
	이해(Understand) 의지의 의미를 명확하게 파악함
	전달(Convey) 의지가 유효한 당사자에게 도달함
	표현(Express) 의지를 외부로 나타냄
	의지(Intend) 타인과의 협력으로 어떤 성취를 하고자 하는 마음을 가짐

반영의 사다리
의지가 반영되어 효과를 내는 과정을 시간적 순서에 따라 배열한 개념 모델이다.

아들과 엄마의 스마트폰 관련 상황을 반영의 사다리에 비추어 살펴보면 다음과 같다.

+ **의지(Intend)** – 아들이 스마트폰이 갖고 싶어짐

+ **표현(Express)** – 아들이 엄마에게 스마트폰을 갖고 싶다고 말함

+ **전달(Convey)** – 엄마가 그 말을 들음

+ **이해**(Understand) – 엄마가 그 사달라는 말의 의도를 명확하게 알게 됨

+ **공감**(Empathy) – 엄마가 아들의 절실한 심정을 느낌

+ **반영**(Reflect) – 엄마의 수첩에 아들의 의견을 잘 기록함, 스마트폰에 대해 알아보기로

　　　　함, 아들의 의지가 결정에 영향을 줌

+ **결정**(Decide) – 구매하기로 결정함 (높은 수준의 반영)

+ **실행**(Execute) – 구매를 위해 매장에 가서 구매 활동을 함 (최고 수준의 반영)

+ **결과**(Output) – 구매를 완료하고 아들이 사용권을 가짐 (반영의 완성)

+ **효과**(Outcome) – 게임, 검색, 전화, 뽐냄의 성취

+ **장기효과**(Impact) – 행복, 자부심, 자아실현, 가치 실현

창의, 열정, 협력

018

소통이 문제가 되는 것은 소통이 잘 되지 않는 불통의 상황이 생기면 개인이나 조직에 큰 손실이 생기기 때문이다. 소통이 안 되면 스트레스를 받고 기운도 나지 않게 되는데, 이는 자신의 자유와 성취가 방해받기 때문이다. 자유와 성취를 방해받는다는 것은 한 인간으로서의 존재가치를 잃는 것과 다름없다. 그러므로 불통이 심해지면 화가 나고, 심지어 상대방을 공격하기도 한다. 보복적 행동을 취하기도 한다. 소통의 실패는 이런 정서적 비용을 키울 뿐만 아니라, 서로의 생각의 교류를 차단하여 정보의 교환을 방해하고, 정보의 교환과 활용으로 생겨날 수 있는 창의성, 합리성, 협력과 같은 조직의 많은 긍정적인 결과를 봉쇄한다.

반면 소통의 증진, 즉 반영의 증진은 구성원의 존재가치를 높여주고 그로 인하여 조직의 창의, 열정, 협력을 살아나게 한다.

창의, 가치창출의 원천

반영조직은 구성원의 창의성을 자극한다

창의는 기존의 문제 해결 방식과는 다른 방식을 발견하는 일로서 가치창출의 원천이다. 반영조직에서는 창의가 활발하게 일어난다. 구성원들에게 의견을 묻고 그들이 낸 의견이나 아이디어를 잘 반영하여 실제 조직의 업무에 늘 활용하기 때문이다. 중요한 것은, 창의적인 아이디어이기 때문에 반영되는 것이 아니라, 반영하기 때문에 구성원들이 창의적인 아이디어를 내게 된다는 것이다. 그렇게 나온 창의적인 아이디어는 다시 반영의 이유가 되어, 선순환이 계속된다.

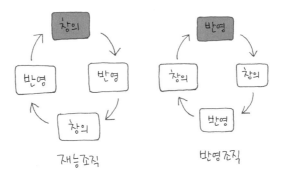

: 재능 조직과 반영조직

위 그림과 같이 구성원의 재능을 우선하는 조직은 구성원의 의견이 처음부터 창의적이어서 그 의견을 반영하는 조직이다. 이 조직에서는 구성원의 자질과 재능을 중시하므로 조직의 성과를 내는 방법으로서 선발을 중요시한다.

반면 반영조직은 구성원의 의지 반영이 구성원의 존재가치를 높인다는 점을 중요하게 여기고 구성원의 의지를 반영하는 것에 먼저 초점을 맞춘다. 구성원은 자신의 의지가 실현되는 경험을 하게 되고 그로 인하여 보다 나은 실현을 위한 창의성을 발휘하기 시작한다. 이 조직에서는 구성원의 의견을 반영하는 것을 우선시하므로, 이를 해낼 수 있는 철학과 기술을 갖춘 리더십의 개발을 중요시한다.

구성원들이 낸 의견이 상사의 것과 다를 때 구성원들은 일반적으로 곤경에 처하게 된다. 책망을 듣거나, 왜 상사의 의견이 더 훌륭한지 훈계를 들어야 한다. 그런데 이 훈계는 상사가 생각하는바, 일종의 소통의 시도이다. 하지만 상사가 이렇게까지 소통하려고 노력함에도 불구하고, 부하 직원은 경험 많고 책임감 있는 자신의 의견에 동조하지 않고 받아들이지도 않는다. 상사는 답답하다고 느끼면서, 소통이란 참으로 어려운 것이라고 생각한다. 반면 부하 직원도 자신이 말하는 것에 귀 기울이지 않는 상사를 보면서 소통의 실패를 경험한다. 특히 새롭게 시도하는 일들을 미숙한 방식이라고 지적하는 것에 대해 아픔을 느끼면서, 정말 상사와의 소통은 어렵다고 생각한다.

이러한 경험이 누적되면 소통은 권력자인 상사의 한 편에만 서게 되고, 의견이 잘 반영되지 않는 상황에서 부하 직원은 더 이상 의견을 피력할 의욕을 잃게 된다. 자신의 의지를 실현하는 것에서 좌절하는 것이다. 그리고 이러한 상황이 반복되면 구성원들은 더는 머리를 써서 생각할 필요가 없다는 지경에 이르고 말 것이다. 생각과 창의는 필요 없고, '시키는 것이나 하고 말자'는 방식으로 태도를 전환하거나, 일부는 '아부나 잘하자'라는 조직생활의 전략을 선택하기로 마음먹게 된다.

반대로 부하 직원의 의견을 잘 반영하는 경우, 양상은 반대의 상황으로 전개될 것이다. 물론 상사는 여전히 불안할 것이다. 부하 직원이 내는 아이디어가 그리 탐탁스럽지 않을 수도 있고, 그 미숙한 의견에 맞춰 일하다가는 일이 크게 잘못될 수도 있기 때문이다. 그러한 리더의 고민을 이해할 수 없는 것은 아니지만, 의견을 반영해 주지 않으면 창의가 잠자게 되고, 잘 반영해 주면 창의가 살아난다는 것은 부인할 수 없다.

이때 아이디어의 반영과 더불어 부하 직원의 창의성을 돕기 위한 기술이 활용된다면 금상첨화일 것이다. 부하 직원은 막연하게 맡겨진 상황에 대한 부담을 덜게 되면서도 더욱 효율적으로 창의성을 발휘할 수 있고, 그 결과물 역시 질적으로 우수한 결과물이 나올 가능성이 높아지니 이는 모두에게 도움 되는 과정이라 할 수 있다.

창의의 출발은 기존의 생각이 아닌 '다른' 생각을 꺼내는 것이다. 그 다른 생각이 모두 쓸모 있는 좋은 생각인 건 아니지만, 일단 다름을 꺼내 놓아야만 그 중에서 좋은 생각을 찾을 수 있다. 이 과정은 어떤 획기적인 좋은 생각이 순간적으로 '탁' 하고 떠오르는 경우보다는 시간이 걸린다. 이때 이 지연을 참지 못하는 리더가 좋은 의견을 재촉하게 되면, 구성원은 '좋은' 의견만을 생각하다가 '다른' 의견을 내지 못하는 상황에 처하게 된다.

그러므로 리더에게 필요한 것은 많은 다른 생각을 보고 좋은 생각의 가능성이라고 반갑게 받아들이는 '태도'와, 지나치게 많은 시간이 걸리는 것을 방지할 수 있는 다른 생각들의 처리 '기술'을 가지는 것이다.

열정, 능률과 효과의 원천

반영조직은 구성원의 열정과 몰입을 만든다

열정은 능률과 효과의 원천이 된다. 많은 리더들은 열정을 가진 구성원과 일하고 싶어 한다. 사실 구성원들도 그렇다. 돌이켜 보면 열정을 가지고 일했을 때가 일은 많이 했어도 행복한 때였다. 이처럼 리더도 원하고 구성원도 원하는데 정작 현실 조직 내에서는 열정을 찾아보기가 쉽지 않다.

사람에게는 자신이 추구하는 가치와 목적이 있고 일을 잘하고 싶은 마음이 있다. 그리고 그것을 잘 이루어내는 방법을 늘 생각하게 되는데, 그것이 바로 그 사람의 의지와 의견이 된다. 자신이 낸 의견이 반영되고 그렇게 결정된다면, 그 일에 대해 책임감도 느끼고 흥미도 갖게 될 것이다. 하지만 다른 사람의 의견에 따라 결정된 사안에 따라야 하는 경우에는 거부감과 싫증을 느끼게 된다. 왜냐하면 그 결정이 추구하는 바를 이루는 것이 최선인지 아직 알 수 없고, 무엇보다 나로부터 시작된 것이 아니기 때문이다. 그 일은 내가 시작한 것이 아니기에 성취해도 나의 성취로 느껴지지 않는다. 이와 같이 흥미와 싫증의 갈림길에도 의견의 반영이 자리 잡고 있다.

의견이란 '그렇게 하면 좋겠다.'고 생각해서 내는 것이므로, 자신이 낸 의견이 실현되어 가는 과정에 자신의 에너지를 사용하는 것은 자연스러운 일이다. 그리고 그 일이 기대했던 성과로까지 연결된다면 당사자의 에너지는 더욱 높아진다. 그 높아진 에너지를 우리는 '열정'이라고 부른다.

반면 자신의 의견이 반영되지 않은 일, 다른 사람이 정해 놓은 일을 추진해야만 하는 상황이라면 주인의식이나 몰입, 속도 등을 만들어내기가 쉽지 않다. 그러나 자신이 의견을 낸 일에는 주인의식이 생기고, 몰입하게 되고, 속도를 내게 될 것이다. 이것이 바로 반영의 힘이다.

협력, 시너지의 원천

반영조직은 협력으로 시너지를 만든다

협력은 시너지의 원천이다. 조직은 혼자 일하는 곳이 아니다. 여럿이 뜻을 맞춰 일해야 하고 협동과 협력을 통하여 시너지를 내야 한다. 아무리 좋은 의견이 있고, 아무리 열정 넘치는 한 사람의 구성원이 있다고 해도, 다른 사람들과의 협력이 없이는 조직의 높은 성과를 낼 수 없다. 여기서의 협력은 의사결정을 내리기 위하여 정보를 수집하고 이를 학습하며 좋은 결론에 도달해 가는 과정에서의 협력과, 의사결정이 이루어진 후 그 결정된 것을 실행하는 과정에서의 협력을 모두 포함한다. 아무리 훌륭한 기술자도 혼자서 TV를 만들 수 없으며, 훌륭한 요리사도 혼자서 레스토랑을 운영하기는 어렵다.

하지만 한 사람의 의견의 반영이 조직의 협력을 해치게 된다면 이는 상사의 명령에 따라 움직이는 조직보다도 오히려 낮은 성과를 낼 수도 있다. 그러므로 여기서 말하는 의견의 반영은 어떤 특정인 한 사람의 의견을 반영하는 것이 아니라, 조직에 속한 모두의 의견을 반영하는 것을 말한다. 모든 사람의 의견을 반영하면 위에서 말한 열정과 마찬가지로 모두가 주인의식을 갖게 되고, 몰입이 높아질 것이며, 일의 속도도 좋아질 것이다. 그리고 다른 사람의 일에 협력하게 될 것이다. 왜냐하면 다른 사람

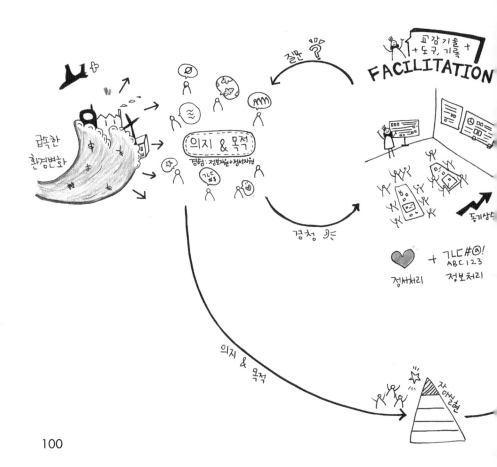

을 돕는 것이 결국 자신의 의견이 반영된 자신의 일을 돕는 것과 마찬가지가 되기 때문이다.

반영조직은 리더의 단독 결정은 말할 것도 없고 구성원의 다수결에 의한 결정에도 거의 의존하지 않는다. 반영조직은 구성원 전체의 의견을 충분히 반영하는 조직을 말한다. 따라서 반영조직의 중요한 의사결정 방식은 합의 또는 만장일치이며, 이 결정 과정에 어떤 아이디어도 가치 없이 탈락되지 않도록 배려한다. 이를 이루어 낼 경우 조직의 구성원들은 서로 협력할 것이며, 조직이 내는 시너지도 극대화될 것이다.

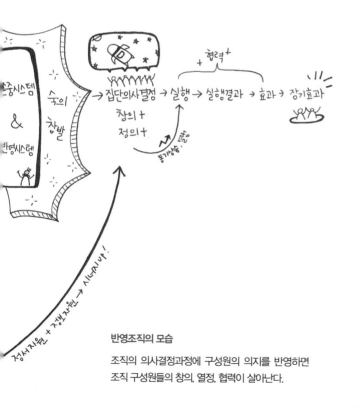

반영조직의 모습

조직의 의사결정과정에 구성원의 의지를 반영하면
조직 구성원들의 창의, 열정, 협력이 살아난다.

시스템
사고

019

우리는 시스템 속에서 살고 있다

우주가 있고, 은하계가 있고, 태양계가 있고, 지구가 있고, 생태계가 있고, 국가가 있고, 한 조직이 있다. 그리고 조직 내에 부서가 있고, 조직문화가 있고, 인사 시스템이 있고, 성과평가 시스템이 있고, 동기부여 시스템이 있고, 휴먼 시스템이 있다. 시스템은 상위 시스템과 하위 시스템으로 무한히 연결되어 있다.

시스템은 '부분으로 구성된 전체'를 지칭한다. 그리고 각 부분은 상호작용을 한다. 그런데 전체는 더 큰 전체의 부분이 되므로, 각 전체들도 상위 전체의 부분으로서 상호작용을 한다. 더 큰 전체 역시 그 상위 전체의 부분이므로, 더 큰 전체들도 더욱더 큰 전체의 부분으로서 상호작용을 한다. 이렇게 생각하면 세상의 만물은 모두가 서로 상호작용을 하고 있다고 해도 과언이 아니다. 다만 어떤 것들의 상호작용은 지극히 미미하여 우리가 인식할 수 없거나, 시간상으로 너무 오래 걸리는 관계여서

가늠하기 어려울 뿐이다. 이 경우 우리의 언어는 편의상 '관계가 없다.'라는 표현을 사용하기도 한다. 그러나 이렇게 아주 미약한 관계도 어떤 조건이 극적으로 겹치게 되면 나비효과와 같은 큰 영향을 주는 현상이 나타나기도 한다.

조직은 하나의 시스템이다. 경계가 있고, 둘러싸고 있는 환경이 있으며, 환경으로부터 자원을 조달하고, 조직에서 시도한 결과(제품, 서비스 등)를 환경에 제공한다. 조직에는 사무실, 공장, 조직구조, 전산시스템과 같은 딱딱한 하위 시스템(Hardware)이 있으며, 조직문화, 인사 시스템, 상훈 시스템, 성과평가 시스템, 보고 체계와 같은 부드러운 하위 시스템(Software)이 있다. 또한 인사 시스템 안에는 채용, 승진, 배치전환, 근무평정, 근태 기록, 퇴직 등과 같은 하위 시스템이 존재하며, 채용에는 또 공고, 모집, 평가와 같은 더 작은 하위 시스템이 존재한다.

여기서 중요한 것은 시스템은 상위와 상위 간, 상위와 하위 간, 하위와 하위 간 모두 서로 상호작용을 한다는 것이며, 이 상호작용이란 어떤 영향을 주고받는 것을 말한다. 어떤 영향은 직접적이고 단기적이지만, 어떤 영향은 간접적이고 장기적이어서 복잡하다. 그리고 사람이 포함된 시스템에서 사람은 의지를 가진 행위자이기에, 그의 행위는 과거의 경험에 따라 미래의 행위를 결정하는 학습자로서의 행위자 특성을 보여준다. 이때 리더는 구성원들이 어떤 학습을 하는지 완전하게 통제할 수 없기 때문에, 리더가 발휘하는 리더십의 결과도 완전하게 통제하는 것이 불가능하다.

그리고 앞의 논의에서처럼 사람은 무엇인가 잘 해보려는 존재이다. 그래서 시스템 안에서의 사람의 행위는 시스템에 어떤 긍정적 영향을 주려고 한다. 그런데 그 사람이 잘 해보려고 하는 시도가 다른 사람에게는 방해하려는 시도처럼 보일 수 있다. 이는 조직 내의 갈등 상황을 만들어낼 수 있는데, 바로 이때 리더의 '시스템 사고'가 필요하게 된다. 시스템 사고는 이러한 갈등을 원만하게 해결하기 위해 구성원의 시도를 합리적으로 확인할 수 있는 사고이다. 따라서 시스템 사고는 구성원의 의견을 오해 없이 잘 반영할 수 있도록 하는 반영기술의 기초가 된다.

예를 들어, 한 구성원 또는 리더가 '혁신을 시도하여 성과를 높여 보자.'는 의견을 낸다 하자. 이때 다른 직원이 '혁신은 필요 없다. 해봤자 소용없다.' 하고 반대의 주장을 한다. 사실 이러한 상황은 조직 내에서 흔히 발생하는 상황이다. 이 경우 보통의 리더들은 혁신을 반대하는 사람을 부정적으로 인식하고, 조직의 앞날을 방해하는 사람으로 바라보기 쉽다.

이 상황에서 반영조직의 리더는 반대를 주장하는 구성원의 정신모형(Mental Model)을 파악하려 시도한다. 아래 리더와 혁신 반대자의 대화를 살펴보자.

+ **리더**

　"혁신을 추진하지 않으면 무엇이 좋아지나요?"

+ **혁신 반대자**

　"지난 몇 년 동안 혁신을 해보겠다고 여러 가지 시도를 했지만, 지금까지 제대로 성공한 적이 없는 것 같아요. 이번에도 또 이런 식으로 진행했다가는 실패할 게 뻔합니다. 괜한 고생만 하는 거죠."

+ 리더

"아! 성공을 거두지 못할 시도를 걱정하고 있었군요. 그리고 그것은 우리 조직에 낭비가 된다는 의미군요? 그렇다면 이번에 혁신을 제대로 함에 있어 우리가 추가로 고려해야 할 것이 있다면 무엇일까요?"

+ 혁신 반대자

"지금의 성과관리 체계입니다. 이 방식을 그대로 둔 채 이번 혁신 프로그램을 시도한다면, 아마 무용지물이 될 겁니다."

시작은 단순히 혁신에 대한 반대 같았지만, 자세히 보니 그 반대에도 찬성의 의미가 있었다. 그는 사실 성과관리 체계를 혁신해야 진정한 혁신이 이루어진다고 생각하는 혁신 지지자였던 것이다. 리더는 반대 의견을 반영하기 위하여 시도한 질문과 탐색에서 반대자의 머릿속에 숨어있던 혁신의 정신모형 즉 논리체계를 가시화할 수 있었다.

이처럼 반영조직은 구성원들이 학습자이고, 늘 효과성을 추구하고, 창의성을 가진 존재라는 인간관에서 출발한다. 그러므로 조직이 할 일은 그들의 목소리에 귀를 기울이고 담아내는 데 집중하는 것이다. 만약 그들이 가지고 있던 생각에 모순이 있다면 다른 구성원의 도움으로 수정해나가면 된다.

조직의 리더는 이제 구성원의 목소리에 어떻게 귀 기울이고, 서로 다른 목소리를 어떻게 다루어 갈지에 대한 기술을 가지면 된다.

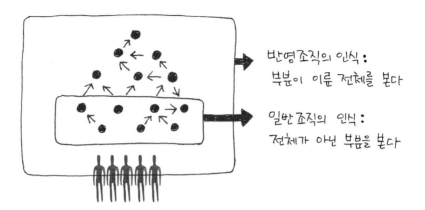

반영조직의 인식 :
부분이 이룬 전체를 본다

일반조직의 인식 :
전체가 아닌 부분을 본다

일반조직과 반영조직

: 일반조직에서는 구성원들의 사고체계에 대하여 일부만 파악하고 활용
한다. 반영조직은 리더의 구성원에 대한 조회단 탐색을 통하여 서로
가 가지고 있는 사고체계를 확인하고 공유함으로써 조직 전체를 파악하고
활용한다.

조직
공정성

020

반영조직은 '공정한 조직'의 다른 이름이다. 반영을 통하여 구성원은 조직에서 자유를 실현한다. 반영을 통하여 구성원은 조직에서 성취를 이룬다. 이 둘이 지속되고 향상되어 가려면 그 과정에 공정성이 유지되어야 한다. 구성원의 의지를 조직에 온전하게 반영할 수 있는 조직은 가장 공정한 조직이 된다. 정의로운 조직이 되는 것이다.

조직 내에 공정성이 무너지면 구성원들은 스트레스, 분노, 복수심, 이직 충동 등을 경험한다. 부당하게 유리한 혜택을 얻은 사람도 일시적으로는 기쁠 수 있겠지만, 죄책감에 시달리게 되고 타인으로부터 비난을 받을 수 있다는 불안감을 경험하게 된다.

공정한 조직이 형성되면 구성원들은 자부심, 충성심, 조직 몰입, 직무 몰입, 직무 만족, 건강 등을 경험한다. 이직이 줄고, 타인에 대하여 자신이 속한 조직을 자랑하고 싶어 한다. 지식을 공유하고 이로 인한 창의성이 높아지는 효과를 내기도 한다. 전반적으로 조직의 성과와 개인의 행복에 긍정적인 영향을 준다. 이러한 까닭에 조직 내의 공정성을 지키는 것은 매우 중요한 일이다.

오늘날 조직이 경험하고 있는 많은 문제들은 공정하지 못한 조직 운영에서 비롯된다. 불공정한 평가제도, 불공정한 인사제도, 불공정한 의사결정 방식, 불공정한 리더의 언행 등, 이런 것들이 바로 대부분의 조직에서 구성원들을 인터뷰 했을 때 듣게 되는 말들이다. 그러므로 반영조직은 공정한 조직을 만드는 명확한 방법론이 된다. 왜냐하면 반영조직은 구성원의 의지를 조직의 의사결정에 반영하는 조직이기 때문이다.

분배적 공정성, 투입과 대가의 비교

'분배적 공정성'은 구성원들이 자신들이 투입한 만큼 대가를 정당하게 받을 때 느끼는 공평함을 말한다. 이는 타인과의 비교를 통하여 가늠하게 되는데, 나의 기여 대비 보상의 비율이 타인의 것에 비하여 높으면 죄책감을 느끼고, 낮으면 분노를 느끼게 된다. 그 비율이 공평할 때 구성원들은 서로 만족감을 느낀다.

구성원들이 투입 대비 보상의 비율을 알려면 투입과 보상을 측정할 수 있어야 하는데, 여기에는 객관적으로 측정할 수 있는 것 외에도 각자의 기여에 대해 주장할 수 있는 기회가 있어야 한다. 이때 그 주장은 다른 구성원들이 확인하고 비교할 수 있어야 한다. 또 주장이 서로 엇갈리는 경우에 이를 효과적으로 처리하는 능력을 갖춘 사람을 필요로 한다. 즉 구성원 각자의 의견을 담아 하나의 결론에 도달하게 하는 반영의 과정이 필요하고, 이것이 실제로 가능해지려면 반영 역량을 가진 리더가 요구된다고 할 수 있다.

절차적 공정성, 소통과 반영의 노력

구성원들은 조직의 중요한 의사결정에 참여하기를 기대한다. 어떤 의사결정이 이루어지는 과정에서 자신들의 의사가 결정에 영향을 미치는 것, 즉 반영을 바라고 그 의사를 표현하는 과정이 공정하게 이루어지지를 희망한다. 이처럼 의사를 표명하고 그 의사가 어떤 결정에 영향을 미치게 하는 과정은 반영 역량에 의하여 효율적으로 이루어질 수 있다. 하지만 구성원들의 이해관계가 다르고 서로의 주장이 다르기 때문에, 이를 쉽게 다룰 수 없는 상황이 되는 경우 리더들은 시간이 없다는 이유로 '내 결정에 따르시오.' 하는 방법을 사용하게 된다.

이것이 바로 '절차적 공정성'이 필요한 상황이다. 의사결정 절차에 구성원들의 의지가 반영되지 못하고 리더가 단독으로 결정하는 방식을 정치적 용어로는 '독재'라고 부른다. 리더의 입장에서는, 바쁘게 돌아가는 세상에서 어떻게 이런저런 이야기를 다 듣고 어느 세월에 구성원의 의견을 일일이 반영하여 일을 처리하겠느냐며, 업무 추진상의 절박한 환경을 호소할 수 있다. 그러나 혼자 결정하는 단독결정은 분명히 독재이다. 그리고 독재자의 밑에서 일하는 구성원은 조직의 공정성을 느끼기 어렵다.

사람들은 흔히 시간이 부족하다는 말을 잘한다. 그러나 만약 리더가 구성원들의 서로 다른 의견을 잘 처리하는 기술만 가지고 있다면, 그는 구성원들의 의견을 존중하고 결정에 반영할 수 있을 것이다. 시간이 부족한 것이 아니라 기술이 부족한 것이다.

관계적 공정성, 신뢰와 존중의 실현

구성원들은 늘 자신들이 온전한 인격체로서 존중받기를 원한다. 어떤 결정이 부득이 이루어졌다면 그렇게 이루어진 배경을 설명해 주기를 기대한다. 칭찬과 존중의 언어를 사용해주기를 기대하고, 무시와 폭력적 언어로부터 상처받지 않기를 원한다.

이때 반영 리더의 역할이 필요하다. 반영 리더는 구성원의 자유와 성취를 지원하는 사람이기 때문에 스스로 중립을 지키고 구성원이 효과성을 추구하는 존재라는 신념을 지닌 사람이다. 그러므로 구성원의 어떤 주장이 자신의 것과 다르다고 하여 그것을 질책하거나 책망하거나 야단치지 않는다. 다른 것이 있다면 그것을 왜 다르게 생각하는지, 이견이 어디서 발생했는지를 학습하는 자세로 탐색하여, 스스로 더 나은 방법을 찾아가도록 돕는 역할을 한다. 이것이 바로 '관계적 공정성'을 지키는 일이다.

조직의 공정성은 수많은 학자들이 조직의 성과를 내기 위한 중요한 요인이라고 설명한다. 그 공정성은 조직 구성원의 의지를 조직의 의사결정에 잘 반영할 때 이루어진다. 이는 구성원의 자유와 성취를 이루는 것과 일치한다. 그런 점에서 반영을 조직 경영의 중심에 두고 반영이 잘 이루어지고 있는지를 관찰하면, 조직의 공정성이 실현되고 앞서 말한 창의, 열정, 협력이 만들어져 조직은 좋은 결과를 만들어내게 된다.

개인과 조직이
윈윈win-win한다

Chapter **5**

반영조직의

일반절차

이 장을
시작하며

자유와 성취를 원하는 인간의 의지는 반영 메커니즘의 존재 여부에 따라 확장되거나 축소되는 결과를 맞이한다. 또한 리더의 인간관에 따라 구성원의 잠재력은 달라지고, 구성원의 의지를 반영하는 도구와 기술을 보유하고 있느냐에 따라 조직과 개인의 성취가 달라진다.

반영조직의 일반절차는 구성원의 의지가 조직에서 어떤 절차와 방법으로 반영되어 가는지를 설명하는 일반적인 모델이다. 조직의 개별 이슈에 따라 구성원의 의지를 어떻게 반영해 가는지 도구 사용과 순서는 조금씩 달라진다. 그러므로 일반절차를 엄격하게 적용하는 것은 무리가 있으나, 큰 틀에서 일반절차 모델을 참고하여 조직의 운영방향을 잡아간다면 조직의 효과성을 높이는데 크게 기여할 것이다.

일과
정보처리

021

효율적인 정보처리의 속도와 방식은 무엇인가

인간이 일을 하는 과정의 상당한 부분은 정보를 처리하는 과정이다. 눈을 깜박이는 것이나, 재채기를 하는 것과 같은 반사적인 행동 일부를 제외하면 일의 대부분은 두뇌활동인 정보처리로 이루어진다.

조직에서의 일은 여러 사람이 모여 공동으로 정보를 처리하는 것이 된다. 정보처리는 한 사람 한 사람 순차적으로 진행하기도 하지만, 여럿이 한꺼번에 모여 동시적으로 처리하기도 한다. 특히 조직의 중요한 의사결정이나 창의적인 결과물을 내고자 할 때 회의라는 동시적 집합 정보처리 과정을 활용한다. 그러므로 조직이 효율적으로 일을 해내려면 이 집합 정보처리 과정을 효율적으로 운영하는 것이 절대적이다.

그러나 현실의 회의는 활발한 정보처리가 일어나기보다는 리더의 일방적인 정보전달에 의존하는 경우가 훨씬 많다. 구성원은 말을 충분히 하지 못하고, 정보는 머릿속에 머물러 밖으로 잘 나오지 못한다. 조직이 비효율적으로 운영되는 단적인 예라 할 수 있다.

회의를 제대로 진행하는 방법을 잘 알지 못하는 조직의 정보처리 방식은 문서에 의하여 보고서를 작성해 가는 방식이다. 문서로 정보를 처리하는 경우 여러 사람이 동시에 의견을 담을 수가 없는 구조이기 때문에 순차적으로 문서를 작성할 수밖에 없고, 따라서 정보처리는 매우 비효율적으로 일어난다.

문서작성 방식에 의한 정보처리 과정

+ 혼자 정보를 수집한다.
+ 수집한 정보를 정리한다.
+ 정리한 정보를 가독성이 높아지도록 시각화한다.
+ 문서가 우수해 보이도록 장식한다.
+ 동료에게 정보의 첨삭(협조)을 요청한다.
+ 첨삭한 내용을 다시 시각화한다.
+ 상사에게 정보의 첨삭(보고와 지시)을 요청한다.
+ 첨삭한 내용을 다시 시각화한다.
+ 상사에게 정보의 첨삭을 요청한다.
+ 첨삭한 내용을 다시 시각화한다.
+ 계층의 수에 따라 이를 반복한다.

이 과정에서 정보는 병렬로 처리되지 못하고 일렬로 처리되기 때문에 많은 시간이 소요된다. 그리고 일렬로 처리되는 과정에서 같은 정보를 반복적으로 읽고 설명해야 하는 시간이 중복적으로 발생하게 된다. 나아가 서로 다른 사람들과 의견의 교환을 통하여 제3의 새로운 의견을 창출할 가능성이 낮아진다. 또한 이 정보처리의 과정에 있는 담당자는 반복적인 수정과 시각화의 지루한 과정을 겪으면서 여러 차례의 부정적인 정서적 경험을 할 수 있다. 그렇게 됨으로써 업무에 대한 열의가 줄어들고 스트레스가 높아져서 전체적으로 업무효율이 낮아지게 하는 결과를 초래하게 된다.

문서작성 방식에 의한 정보처리는 비효율적인 회의를 대체하는 수단으로 발전하고 자리를 잡아온 것이 사실이다. 그리고 정형화되고 반복적인 업무에서는 문서작성 방식이 유리한 경우가 존재한다. 그러나 환경이 급속도로 변하고 의사결정을 위하여 처리해야 하는 정보가 많은 경우, 문서작성 방식은 급격하게 효율성이 떨어지는 업무 방식이 된다.

이 점에서 회의는 다시 주목을 받게 된다. 여러 사람의 두뇌가 한자리에 모여 집중적으로 정보를 처리한다면 더 나은 현명한 결정을 하게 될 것이다. 여기에는 퍼실리테이터의 존재가 전제조건이 된다. 집단 정보처리의 절차를 알고, 집단의 역동을 이해하고 다룰 줄 알며, 정보처리 과정에서 발생하는 개개인의 정서적 변화와 처리를 해내는 역량을 보유하고 있어야 한다. 회의 과정에서의 기록의 중요성과 방법을 알고, 참여자와 상호작용을 통해 더 깊은 생각을 표출하고 이를 정리하는 요령을 가지고 있어야 한다.

이는 반영조직의 핵심이며 이를 해낼 수 있는 사람이 퍼실리테이터이며 반영 리더[9] 이다.

퍼실리테이션Facilitation과 퍼실리테이터Facilitator

퍼실리테이션은 회의 또는 워크숍과 같이 여러 사람이 일정한 목적을 가지고 함께 일을 할 때 효과적으로 그 목적을 달성하도록 일의 과정을 설계하고 참여를 촉진하여 질 높은 결과물을 만들어내도록 도움을 주는 활동을 의미하며, 퍼실리테이터는 이를 실행하는 사람을 말한다.

퍼실리테이터는 답을 제공하는 컨설턴트가 아니며, 지식을 전달하는 강사도 아니다. 또한 개인의 성장을 돕는 코치와도 다르다. 정해진 절차에 따라 회의를 진행하는 MC나 의장과도 다르다.
퍼실리테이터는 참여자들(그룹)이 스스로 답(문제 해결)을 찾도록 과정을 설계하고 전문적인 도구와 기법을 적용하여 회의가 쉽고 효과적으로 진행되도록 중립적으로 돕는 사람이다.

---

9 조직 안에서 구성원의 의지를 잘 반영하는 퍼실리테이션 역량을 갖춘 리더를 '반영 리더'라 부른다. 반영 리더가 반영 회의를 진행할 때는 퍼실리테이터가 된다.

관계와
정서처리

022

관계가 일을 한다

조직에서의 일은 혼자 하는 것이 아니므로, 반드시 인
간관계의 문제가 발생한다. 인간관계는 앞서 보았던 것처럼 개인의 자유,
의지의 충돌, 협력의 딜레마, 그리고 위대함의 경쟁 같은 이슈를 만들어
낸다. 그러므로 조직을 원활하고 효과적으로 운영하려면 이러한 관계의
이슈를 잘 다루는 리더의 역량이 필요하다.

조직에서 구성원들의 관계는 함께 일을 해내는 협력적 정보처리의 관
계이지만, 그 일이 늘 잘 되지만은 않는 이유는 그 과정이 정서처리 과정
을 포함하고 있기 때문이다. 이 정서는 기쁨, 흥미와 같은 긍정적인 것만
있는 것이 아니라, 공포, 혐오, 분노, 슬픔과 같은 부정적인 정서가 함께
작동한다.

게다가 인간은 근본적으로 위험 회피 전략을 구사하는 경향이 있으므
로 사안을 보수적이고 부정적으로 바라보는 성향이 더 자연스럽게 나타

나기도 한다. 이렇게 자연스럽게 나타나는 부정적인 성향은 일이 잘못되는 것을 방지하는 데는 도움이 되지만, 일을 시작하게 하는 데는 방해가된다.

정서처리 기술의 전제조건

부정적인 정서적 현상을 바라보는 리더의 마음은 구성원이 소극적이고 나태한 태도를 가진 사람으로 여기게 되고, 구성원을 부정적으로 바라보게 된다. 이는 부정적 인간관을 형성하게 만드는 메커니즘이 된다.

그러나 인간에게는 이런 부정적 정서만 있는 것이 아니고, 그 부정적인 정서가 있는 것이 반드시 부정적인 태도에서 비롯된 것이라고 말할 수 없다. 인간에게 얼마든지 긍정적인 정서가 있고, 또한 부정적인 정서가 있다해도 그것이 반드시 나쁜 것이라고 볼 수도 없다. 정작 나쁜 것은 부정적인 정서를 가진 것으로 인하여 그 사람을 나쁜 사람으로 단정 짓는 것이다.

반영 리더는 부정적인 정서의 긍정적 기능을 이해하고 이를 긍정적 방향으로 전환하는 방법을 가진 사람이다. 부정적 정서가 생겨난 원인을 탐색하고 긍정적인 정서로 전환할 수 있는 요인을 찾도록 도움을 제공한다.

만약 리더가 부정적인 정서를 가진 구성원에 대하여 중립적으로 탐색하지 않는다면 리더는 구성원을 까다로운 사람으로 단정짓고 더는 그로부터 새로운 방법을 찾아내려 하지 않을 것이다.

구성원이 협력적으로 일하는 과정에서는 수많은 정서적 변화를 겪게 된다. 자랑하려는 마음, 창피를 면하려는 마음, 귀찮음, 의욕, 두려움, 즐

사례 4

어떤 사람이 껍질을 벗기지 않은 사과를 먹는 것에 혐오감을 느끼고 있다. 이때 퍼실리테이터는 그 사람을 까다로운 사람이라며 부정적 인간으로 바라보기보다는 그만한 이유가 있을 것이라는 중립적인 태도를 지닌다. 그리고 그 사람의 의견에 귀를 기울인다.

"껍질을 벗기지 않아서 걱정되는 것이 무엇입니까?"
"요즘 사과에는 농약을 많이 뿌리니 껍질째 사과를 먹는 것은 위험합니다."
"아! 사과에 남은 농약을 걱정하시는군요."
"네."
"그럼 어떻게 먹기를 원하시나요?"
"저는 깎아 먹어야 농약을 없앨 수 있다고 생각합니다."
"그렇다면, 농약을 없애고 먹는 방법을 원하시는군요. 그럼 혹시 껍질을 깎지 않고도 농약을 없애는 방법이 있다면 깎지 않고 드시는 것도 괜찮으신건가요?"
"그런 방법이 있다면야 괜찮죠."
"네, 그러시군요. 저도 농약이 남아있는 사과를 먹고 싶은 마음은 없습니다."

거움, 분노, 기쁨, 지루함, 흥미 등이 교차하는 과정에서 구성원은 자신이 가진 생각과 정보를 어떻게 사용할지를 결정하게 된다.

반영조직은 구성원의 의견을 반영하는 조직이므로 구성원들이 의견을 내고 싶도록 하고, 의견이 모아지는 과정에서 잘못이 있으면 이를 수정하고 싶은 의욕이 생기게 하고, 일이 잘 되어가는 즐거움을 맛보게 하고, 지루함으로 마음을 닫지 않도록 하여 풍부한 정보를 바탕으로 한 결정(Informed Decision)을 만들어내는 조직이다.

이는 퍼실리테이터의 탁월한 정서처리 기술을 필요로 한다는 의미이며, 앞서 간단하게나마 정서처리 기술을 설명하였지만, 이러한 정서처리 기술 역시 긍정적 인간관에 바탕을 둔 퍼실리테이터의 중립적 태도에서 온다는 점을 인식해야 한다.

반영조직의
일반절차 모델

023

　　반영조직은 구성원의 의지가 늘 조직의 의사결정에 반
영되는 조직이다. 그리고 그 반영의 과정은 주로 정보와 정서를 처리하는
회의를 통해 일어난다. 이때 회의를 기존의 다른 회의와 구분하기 위하여
반영 회의라 지칭한다.

　반영조직은 자유와 성취 욕구를 가진 구성원의 의지를 존중하고 조직
의 과정에 잘 녹여내어 창의, 열정, 협력을 만들어낸다. 그리고 이 과정의
핵심에 반영 회의가 있으며 이 반영 회의는 PASAQADE[10]의 절차를 중심
으로 삼고 있다. 이 과정을 종합하여 도식화한 것이 반영조직의 일반절차
모델이다.

　개인과 조직은 늘 바람직한 상태에 도달하기를 기대한다. 그리고 한 번
도달하고 나면 또 다른 바람직한 상태에 도달하기를 희망한다. 구성원들
은 바람직한 상태가 무엇인지에 대한 의견이 다르고 이를 실현하는 방법

10 　부록 PASAQADE 모델에 자세한 내용을 담아두었다

에서도 다른 의견을 가지는 것이 일반적이다. 그러므로 반영 회의를 통하여 이를 확인하고 아이디어를 발전시켜 최선의 결과를 만들어내는 과정이 필요하다.

반영조직의 일반절차 모델

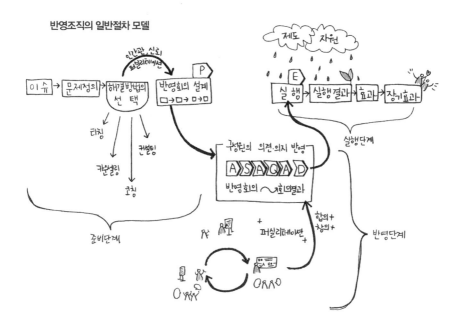

반영조직의 일반절차는 크게 '준비 단계 – 반영 단계 – 실행 단계'로 나눌 수 있다.

+ **준비 단계** : 조직 안에 이슈 또는 문제가 발생하고, 이를 처리하기 위하여 준비하는 과정
+ **반영 단계** : 구성원들이 모두 문제를 해결하기 위하여 구성원들의 지식과 정보를 꺼내고 정리하고 탐색하며 평가하여, 최종 해법을 창출하는 과정

✦ **실행 단계** : 반영 단계의 결과물을 실행에 옮기고 그 실행의 결과를 향유하며, 평가를 통하여 이를 미래의 이슈에 적용하는 과정

위의 3단계를 세분화하면 다음과 같이 10단계로 구분 지을 수 있다.

	준비 단계	반영 단계	실행 단계
세부 단계	1 이슈 발생 및 발견 2 문제의 정의 3 해결방식 선택 4 회의 디자인	5 회의 진행 6 회의 결과물 도출	7 회의 결과 실행 8 실행 결과물 도출 9 효과 발생 10 장기효과 발생
주택 건축 예시	1 주거의 불안정 2 자가주택이 없음 3 주택 설계를 위한 가족 참여 회의 4 주택 설계안 작성 회의 설계	5 주택 설계안 작성 회의 개최 (가족의견 반영) 6 합의된 주택 설계안 작성	7 설계 실시 및 건축 8 주택 완성 9 입주 및 주거의 안정 10 행복한 가정

1 단계. 이슈 발생 및 발견

사람은 완벽한 존재가 아니며 사람이 사는 환경 또한 완벽하지 않다. 그러므로 늘 지금보다 더 바람직한 상태는 존재하고, 사람들은 항상 현재보다 더 나은 상태에 도달하려고 시도한다.

그래서 생활에서든 업무에서든 언제나 다루었으면 하는 것들이 생겨나기 마련이다. 이를 이슈라 부른다. 조직에는 수많은 이슈들이 상존하고 있다.

2단계. 문제의 정의와 선택(목적)

여러 가지 이슈 중에서 실제로 그것을 다루어 풀고, 해결하기 위한 솔루션을 찾고자 하는 대상을 문제라고 부른다. 이를 좀 더 분석적으로 설명하여, 문제란 바람직한 상태와 현실 상태 간의 격차라고 정의하기도 한다. 문제를 푼다는 것은 바람직한 상태에 다다르는 방법을 찾는다는 것을 의미한다. 그러므로 바람직한 상태 즉 문제를 푸는 것은 목적이 되고, 그 목적을 달성하기 위한 수단 또는 방법으로 채택된 것은 솔루션이 된다. 이 솔루션은 실제 조직의 실무에서 업무과제 또는 실행과제라는 이름으로 추진된다.

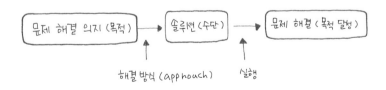

: 문제 해결의 과정

인간의 욕망이 무한하고 이상적인 상태를 추구하는 한 완벽한 조직은 존재할 수 없다. 조직 내의 여러 부서 또한 바람직한 상태에 도달해 있는 곳은 없다. 이를 다른 면에서 바라보면 조직은 문제투성이라는 의미가 된다. 조직이 문제투성이라고 해서 비관적인 것만은 아니다. 문제를 또 다른 측면에서 바라보면 성취의 자원이 된다. 문제가 없다면 성취도 없다. 배가 고프지 않다면 밥을 먹는 즐거움이 없는 것과 같다. 그러므로 문제가 있는 것 자체는 고통의 원인도, 만족의 원인도 아니다. 이를 효과적인 방법으로 풀어 가느냐 아니냐의 문제일 뿐이다. 반영조직은 이 문제 해결의 과정을 자유와 성취를 이루는 즐거운 자아실현의 장으로 탈바꿈시킨다. 앞서 살펴본 것처럼 인간은 기본적으로 학습자이고, 효과성을 추구하는 존재이므로 조직 안에서 그렇게 하도록 지원한다면 조직은 전혀 다른 의미로 변신을 이루게 된다.

조직에게 나타나는 문제들

이 중에서 일반적으로 조직에서 자주 대두되는 중요한 문제들은 다음과 같다.

① 비전이 없는 문제

② 비전이 공유되지 않은 문제

③ 전략이 없는 문제

④ 업무계획이 수립되지 않은 문제

⑤ 구성원의 주인의식이 부족한 문제

⑥ 직무능력이 떨어지는 문제

⑦ 직원들의 직무몰입이 낮은 문제

⑧ 소통이 잘 이루어지지 않는 문제

⑨ 부서 간의 협력이 부족한 문제

⑩ 업무분담이 불공정한 문제

⑪ 성과평가가 불공정한 문제　　⑱ 생산성이 떨어지는 문제

⑫ 성과지표가 부적절한 문제　　⑲ 불량률이 높은 문제

⑬ 회의가 잦은 문제　　　　　　⑳ 신규 시장 개척 문제

⑭ 회의 시간이 부족한 문제　　㉑ 판매 실적이 낮은 문제

⑮ 이직률이 높은 문제　　　　㉒ 신제품 개발 문제

⑯ 창의력이 부족한 문제　　　㉓ 수익률을 높이는 문제

⑰ 리더십이 부족한 문제　　　㉔ 원자재 가격이 오르는 문제

이러한 문제들과 구성원의 의견 반영이 어떻게 연관되어 있는지 살펴보면 다음과 같다.

① 비전이 없는 문제

조직이 이루고자 하는 바가 무엇인지 명시적으로 표현되고 선언되어 있지 않고, 그 존재를 구성원이 알지 못한다. 비전을 만드는 과정에 구성원의 의지를 반영하는 것이 필요하다.

② 비전이 공유되지 않은 문제

개인의 비전과 조직의 비전이 일치되었을 때 그 비전은 비전으로서의 힘을 갖게 되고, 이를 공유비전이라 부른다. 구성원의 비전을 확인하고 서로의 비전으로부터 조직의 비전을 만들어가는 반영의 과정이 필요하다.

③ 전략이 없는 문제

조직의 전략을 수립하려면 조직이 처하고 있는 외부적, 내부적 환경을 분석하고 이에 대한 구성원의 의지를 담아야 한다. 이때 내외부의 환경에 대한 구성원의 인식을 반영하고, 이를 극복하기 위한 구성원의 의지를 반영하는 것은 필연적이다.

④ 업무계획이 수립되지 않은 문제

일정한 시기에 조직은 차기의 업무계획을 수립하게 된다. 이때 구성원들이 한 곳에 모여 각자의 구상을 밝히고, 새로운 아이디어를 발굴하여 업무계획에 반영하는 것은 업무계획의 실행력을 높이는 데 중요하다.

⑤ 구성원의 주인의식이 부족한 문제

주인의식은 주인에게서 생겨나는 것이고, 주인이란 의사결정을 할 수 있는 사람을 지칭하는 말이다. 그러므로 구성원의 의사를 결정에 반영하여 조직을 운영하면 주인의식은 저절로 생겨난다.

⑥ 직무능력이 떨어지는 문제

선발과 교육훈련도 중요한 요인이지만, 구성원의 의사를 반영하여 희망하는 업무를 선택하게 하고, 업무추진 과정에 구성원의 의견을 반영하는 기회가 많아지면 구성원의 사고력과 책임감이 확장되어 직무능력이 향상된다. 직무능력 향상을 위하여 조직이 어떤 노력을 기울여 주면 좋은지에 대하여 구성원의 의지를 반영하는 것도 중요하다.

⑦ 직원들의 직무몰입이 낮은 문제

자신이 결정한 일에 대하여는 책임감이 높아지고 그 일에 대한 몰입도도 상승한다. 구성원의 의지를 직무에 많이 반영하는 것이 직무몰입의 선행요인이다.

⑧ 소통이 잘 이루어지지 않는 문제

소통은 이해, 공감, 반영의 문제이다. 표현 능력, 경청 능력, 공감 능력의 향상을 위한 교육훈련이 필요하다. 구성원의 의지를 반영하는 것이 가장 높은 수준의 소통이고, 합의에 도달하려면 표현, 경청, 공감 등이 요구되므로 이러한 역량도 덩달아 향상된다.

⑨ 부서 간의 협력이 부족한 문제

서로에게 도움이 되는 일이라면 부서가 협력하지 않을 이유가 없다. 해당 부서의 구성원들이 한자리에 모여 서로가 도움이 되고 방해가 되는 것이 무엇인지를 표현하고 협의하는 과정은 그들의 의지를 반영하는 과정이다. 자신의 의견에 따라 배분된 업무에 서로 협력하게 된다.

⑩ 업무분담이 불공정한 문제

대부분의 구성원은 자신의 업무가 부당하게 많다고 느낀다. 불공정의 핵심은 절대적인 양보다 타인에 비하여 많다고 느끼는 상대적인 양이므로 서로 비교할 수 있는 기회를 제공하고 서로의 의견을 반영하여 분담하면 불공정 문제를 해소할 수 있다.

⑪ 성과평가가 불공정한 문제

공정한 성과평가가 이루어지려면, 무엇이 성과인지에 대한 정의, 성과를 평가하는 방법, 성과에 따른 보상의 방법 등을 정하고 시행하는 과정에 구성원의 의견을 반영해야 가능해진다.

⑫ 성과지표가 부적절한 문제

성과지표는 늘 완벽하지 않다. 이를 구성원이 인식하고, 불완전하지만 성과지표를 받아들이는 수준에 다다르려면 성과지표를 찾아내고 선정하는 과정에 구성원의 의견을 반영하는 것이 필수적이다. 구성원의 다양한 이해관계를 효과적으로 반영하면 편향되지 않는 핵심성과지표를 추출할 수 있다.

⑬ 회의가 잦은 문제

회의가 잦은 것 자체가 아니라 불필요한 회의가 잦은 것이 문제이다. 회의가 불필요하다는 것은 구성원의 의견이 반영되지 않는다는 의미이다. 구성원의 의견을 받아들인다면, 불필요한 회의는 자연스럽게 사라질 것이다.

⑭ 회의시간이 부족한 문제

회의 시간이 부족한 것은 회의를 효과적으로 수행할 기술이 부족한 것 때문이다. 구성원의 의견을 반영하는 기술, 즉 퍼실리테이션 기술이 조직 내에 충분하다면 불필요한 회의가 줄고 회의 시간도 단축될 수 있다.

⑮ 이직률이 높은 문제

이직률의 선행요인으로 중요한 것이 공정성이다. 앞서 살핀 바와 같이 구성원의 의견이 조직의 의사결정과 업무처리 과정에 항상 반영된다면 조직의 공정성은 높아지고 이직은 줄게 될 것이다.

⑯ 창의력이 부족한 문제

사람은 누구나 창의적이다. 마음속에 품고 있는 여러 가지 창의적인 생각을 이런저런 걱정 때문에 꺼내 놓지 못하기 때문에 창의력이 발휘되지 않는 것뿐이다. 리더가 그 두려움을 제거하여 어떤 의견이든 편하게 반영해준다면 구성원은 잠재된 창의력을 발휘하기 시작한다.

⑰ 리더십이 부족한 문제

지금의 리더가 어린 시절에 바라보던 리더의 모습은 오늘날 기대하는 리더의 모습과 다르다. 구성원을 존중하고, 공정하게 다루는 방법을 익히고, 스스로 모든 것을 결정하는 것이 아니라 구성원의 의견을 결정에 반영해내는 리더십은 체계적인 퍼실리테이션 학습을 통해 향상된다.

⑱ 생산성이 떨어지는 문제

생산성이 떨어지는 것은 생산과정의 여러 지점들이 유기적으로 관련된 경우가 많다. 관련된 구성원들이 한 곳에 모여 자신들이 겪고 있는 어려움을 나누게 하고 그 어려움을 한 눈에 볼 수 있도록 하면 그 어려움을 극복하는 방법을 서로 찾아낼 수 있다.

⑲ 불량률이 높은 문제

생산라인의 각 위치에서 일하고 있는 구성원들이 겪고 있는 일들을 편히 말하게 하고, 이들의 상황을 서로 공감하고 이해하는 과정을 두면, 그들은 최신의 경험에서 터득한 정보와 암묵적 지식을 반영하여 최선의 솔루션을 찾아낼 수 있다.

⑳ 신규 시장 개척 문제

구성원들은 자신이 조직에서 하고 있는 일에 대하여 늘 관심을 가지고 있다. 누군가 그것을 물어주면 그들은 평소 성찰한 결과들은 잘 내놓을 것이다. 그리고 동료의 성찰 결과와 결합하여 새로운 통찰을 만들어 낼 것이다. 그 통찰에서 신규 시장이 발견된다.

㉑ 판매 실적이 낮은 문제

판매 실적이 낮은 이유에 대하여도 구성원들은 여러 가지 다양한 성찰을 하고 있다. 편협할 수 있는 성찰을 여러 구성원에게 물음으로서 서로 보완하고 발전시키면 어떤 한 사람이 내린 통찰보다 우수한 결과를 만들어낸다. 서로의 경험이 서로에게 반영되는 과정이다.

㉒ 신제품이 없는 문제

구성원들의 머릿속에는 이미 다양한 모습의 신제품들이 움직이고 있다. 이를 꺼내놓게 하고 진심으로 이를 토대로 신제품을 만들어내고자 한다면 평소의 생각을 뛰어넘는 창의적 결과물을 내놓게 될 것이다. 이를 가능하게 하는 힘 또한 의견의 반영에서 나온다.

㉓ 수익률을 높이는 문제

한 조직의 수익률을 높이는 과정은 복잡하고, 여러 구성원의 협력으로 구성되어 있다. 각 구성원들의 시각과 관점을 종합적으로 반영하여 모델을 그려내고 그것을 기반으로 숙의를 이끌어낸다면 구성원들은 최선의 수익률 신장 방안을 찾아낼 것이다.

㉔ 원자재 가격이 오르는 문제

원자재 가격이 오르는 문제는 조직 내부에서 통제할 수 없는 문제일 수 있다. 구성원들이 어려움의 원인을 외부 탓으로 돌리려는 경향이 있을 수 있으나, 진정으로 물으면 그 해결방안은 대응방안에 있다는 것을 발견하고 스스로의 해법에 관심을 모으게 된다.

위의 과정에서 필요한 경우 전문가를 반영 회의에 참여시켜 의견을 들을 수 있다. 이때에도 전문가에게 의존하기보다는 전문가의 역할은 회의 과정을 안내하는 것에 한정시키고, 내부 구성원들이 그 설명을 바탕으로 자신의 의견을 반영하여 최종 판단을 할 수 있도록 주도하는 것이 중요하다.

조직의 중요한 문제 해결의 중심에는 구성원의 의지의 반영이 자리 잡고 있다. 유의할 것은, 이 문제들은 대부분 복잡하게 얽혀 있다는 것이다.

따라서 하나의 문제의 해결이 다른 문제까지 해결하거나 다른 문제를 악화시키는 결과를 가져올 수 있음을 고려하여야 한다. 이는 조직의 이슈와 문제를 통합적으로 바라보는 인식을 가져야 한다는 것과 구성원이 연관도와 같은 시스템 사고를 할 수 있도록 하는 기법을 적용해야 한다는 점을 말해주고 있다.

Drilling 복잡계와 시스템 사고

조직문화, 리더십, 성과관리, 동기부여, 조직학습, 지식관리, 창의와 혁신, 변화관리와 같은 이슈들은 모두 복잡계 이슈들이다. 하나의 원인 또는 솔루션을 냈을 때 동일한 결과가 나타나지 않을 수 있다는 의미이다. 즉 인과관계가 명확하게 밝혀져 있지 않거나, 여러 이슈가 매우 유기적으로 연결되어 있다는 뜻이다. 그러므로 조직의 문제를 해결하는 방안을 찾을 때 예상한 결과대로 실현될 것이라는 기대를 갖는 것은 위험하다. 어떤 솔루션을 시행한 다음 그 솔루션이 시스템 안에서 어떻게 작동하고 있는지를 항상 감지하고 추가적인 후속 솔루션을 탐색하고 처방해야 한다. 그렇게 되려면 조직 내에 시스템의 변화를 읽고 추가적인 시도를 지속할 수 있는 메커니즘이 작동되어야 한다.

피터 센게(Peter Senge)가 말한 시스템 사고는 어떤 시스템이나 문제를 인식함에 있어 독립된 것으로 보는 것이 아니라 외부의 다른 시스템 혹은 상위 시스템과 유기적으로 연관되어 있음을 이해하는 것이다. 이는 복잡계를 인식하는 방법론을 말하는 것이다. 따라서 어떤 문제를 풀 때 그 해법이 다른 시스템에 영향을 주어 의도하지 않았던 결과를 초래할 수 있으므로 통합적으로 관찰하고 체계화하는 과정이 요구된다. 퍼실리테이터는 구성원의 의견을 듣고, 연관도 등 도구를 활용하여 시각화하고 이를 통해 서로 검증할 수 있도록 도와준다. 이러한 역할을 해내는 퍼실리테이터가 조직 내에 없다면 조직은 시스템 사고 역량이 악화되고 현명한 의사결정을 내리기 어렵게 된다.

3단계. 문제 해결 방식(Approach)의 선택

　문제를 해결하는 방식은 다양하다. 그리고 리더들은 가장 효과적인 문제의 해결방식을 찾아 이를 적용하려 한다. 그러나 실제로 효과적인 방식을 적용하기보다는 손쉬운 방식을 선택하는 실수를 범하는 경우가 많다. 비전이 없는 문제를 해결하기 위하여 리더 스스로 비전을 만들어 구성원에게 전파하려 하거나, 판매 실적이 낮은 문제를 해결하기 위하여 실적이 낮은 직원에게 호통을 치는 방법을 선택하는 경우가 바로 그것이다. 업무 역량이 부족한 직원을 불러놓고 과거에 자신이 성공했던 방법을 제시하면서 가르치려 드는 경우도 비슷한 종류의 실수가 될 수 있다. 리더가 일하던 시대적 상황은 지금 이미 많이 변해있을 수 있다.

　반영조직에서는 퍼실리테이션에 의한 반영 회의가 주된 문제 해결 방식으로 활용된다. 회의는 다수의 구성원이 참여하는 집중적인 정보처리 과정이며, 구성원의 의지와 지식을 결정에 반영하는 과정이다. 또한 다양한 참여자들이 보유하고 있는 정보를 한 자리에서 집중적으로 다룸으로써 가장 현명한 솔루션을 찾아가는 방식이다.

　일반적으로 문제를 해결하는 주요 방법에는 다음과 같은 것들이 있다. 기다림, 칭찬, 상담, 훈계, 질책, 협박, 교육, 코칭, 멘토링, 컨설팅, 퍼실리테이션 등이 그것이다. 이 여러 가지의 방법 중 리더의 선택에 영향을 미치는 요인은 여러 가지가 있지만, 가장 큰 것은 리더가 구성원에 대하여 어떤 인간관을 가지느냐에 달려 있다.

문제 해결 접근 방법의 선택과 인간관

+ **명령 및 지시(단독결정)** : 구성원들의 판단력은 리더의 판단력만 못하다. 구성원들은 지시를 하지 않으면 일을 하지 않는다. 리더가 권한을 가지고 있고, 구성원들은 리더의 결단을 기다리고 있다.

+ **훈계** : 구성원들은 이기적이고 잘못된 정신 자세를 가지고 있다. 스스로에게 일을 맡겨 놓으면 그릇된 정신 자세로 인하여 일을 제대로 하지 못한다. 업무에 몰입하지 못하고 있으며, 제 할 일을 게을리한다.

+ **질책** : 적절한 긴장을 제공해야 구성원들이 업무의 착오와 실수를 줄일 수 있다. 구성원을 믿고 기다릴 시간이 부족하다. 기다려도 별로 달라질 것이 없고, 구성원 스스로 이를 개선하기 어렵다.

+ **지도** : 구성원에게 잠재력이 있다. 스스로 그 잠재력을 활용하기는 어렵고, 또 그렇게 하려 하지 않는다. 질문과 조언을 통하여 구성원을 일깨우면 업무성과를 높일 수 있다.

+ **교육** : 구성원은 리더보다 아는 것이 적다. 부하직원을 가르치는 것은 리더의 본분이다. 스스로 학습을 하도록 지원하는 것보다 직접 가르치는 것이 효과적이다.

+ **컨설팅(전문가 결정)** : 우리 문제를 외부 전문가가 더 잘 해결할 수 있다. 리더와 구성원이 직접 결정하는 데 역량이 부족하면 외부의 전문가에게 해답을 요청하는 것이 효과적이다.

+ **퍼실리테이션(합의 결정)** : 구성원들이 조직의 문제를 잘 알고 있다. 그 문제를 가장 잘 해결할 수 있으며 그렇게 하고 싶어 한다. 구성원들은 잠재력을 가지고 있으며, 현명한 결정을 내릴 수 있다.

이 방법 중에서 구성원의 정보와 의지를 가장 많이 반영하는 반영조직의 접근방법은 바로 퍼실리테이션이 있는 회의가 된다.

이때 중요한 것은 반영 회의에서의 결정권이다. 단순히 구성원들이 모여 이런저런 의견을 개진하고 리더가 이를 청취하고 참고하는 수준부터 전적으로 구성원에게 의사결정 권한을 넘겨주어 주어진 사안에 대하여 최종 의사결정을 내리게 하는 수준까지 다양한 범위의 의사결정 방법이 가능하다.

반영조직은 구성원들에게 폭넓은 의사결정 권한을 주는 조직이므로 가능한 한 많은 사안에 대하여 최종 의사결정을 내릴 수 있도록 해야 한다.

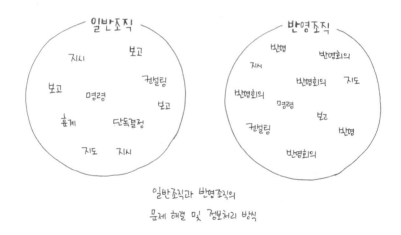

일반조직과 반영조직의
문제 해결 및 정보처리 방식

의사결정의 수준

조직에서의 의사결정에는 구성원과 리더의 역할과 결정권한에 따라 그 수준을 4단계로 구분해볼 수 있다.

	구성원	리더	반영 수준
1수준	목록만 결정	구성원 의견 참고, 리더 결정	아주 낮음
2수준	복수안 결정	구성원 의견 참고, 복수안 중에서 선택	낮음
3수준	단일안 결정	대부분 채택 또는 간혹 불채택	높음
4수준	최종 결정	구성원이 결정한 대로 시행	아주 높음

의사결정의 수준

1수준은 회의의 결과물로 구성원들의 의견 목록을 제시하는 경우이다. 이때 의사결정권자로서의 리더는 그 의견을 참고하거나, 참고의 결과 유사한 제3의 결정을 내리거나, 의견 중에서 하나를 선택하여 결정하게 된다.

2수준은 회의의 결과물로 구성원들이 몇 가지 문제 해결 대안을 제시하는 경우이다. 즉 1수준의 의견 목록에 대한 추가 논의를 거쳐 합리적인 우선안을 제시하는 경우이다. 이때 역시 리더는 그 대안을 참고하거나, 참고의 결과 유사한 제3의 결정을 내리거나, 대안 중에서 하나를 선택하여 결정하게 된다.

3수준은 회의의 결과물로 최종안을 제시하는 경우이다. 이것은 하나의 최종안을 제시하는 것이므로, 회의에서 대안에 대하여 보다 심층적인 논의 과정을 거치게 된다. 이때 리더는 그 단일안의 수용 여부에 대하여 결정하게 된다.

4수준은 회의의 결과물이 시행안으로 최종 결정이 되는 경우이다. 이때 리더는 의사결정 권한을 위임한 것이며, 리더의 역할은 의사결정권자가 아닌 결정된 사항을 시행하는 시행 책임자가 된다. 이것은 의사결정권자로서의 리더의 역할과 결정된 사안을 시행하는 시행책임자로서의 구성원의 역할이 뒤바뀌게 되는 경우이다. 또한 팔로워가 리더로 변신(Transformation)하게 하는 방법이며, 리더가 서번트가 되는 서번트 리더십의 실천 현장이 된다. 다만 이때 구성원들은 자신들의 결정에 대하여 가장 높은 수준의 애착과 자발성을 가지게 되기 때문에 결정 사항에 대한 추진력이 높아지게 되고, 리더는 지지, 자원의 공급, 제도의 마련과 같은 조직적 차원의 지원을 해주게 된다.

4수준에서는 구성원들의 의견 반영이 가장 높은 수준으로 일어나기 때문에 반영조직의 회의는 4수준의 회의가 주류를 이룬다. 이때 구성원들은 주인의식을 갖게 되고, 창의, 열정, 협력을 만들어낸다.

회의를 1수준에서 4수준까지 어떤 의사결정의 수준으로 진행할 것인지에 대해서는 회의를 시행하기 전에 결정해야 한다. 그렇게 해야 그에 맞는 회의 절차를 설계할 수 있고, 참여하는 구성원들은 어떤 수준의 결정을 내리는지에 대하여 정확한 기대를 갖고 참여할 수 있게 된다.

일반조직에서 4수준의 반영조직으로 급격하게 이동하는 데는 여러 가지 위험이 따른다. 그리고 조직 내에 유능한 퍼실리테이터가 양성되어 있어야 하며, 리더가 자신의 의사결정 권한을 내려놓는데 필요한 충분한 마음가짐의 변화가 있어야 한다. 그리고 이 방법이 정말로 조직의 효과성을 높일 수 있다는 구성원과 리더의 확신이 충분히 자라나 있어야 한다. 그러므로 급격하게 4단계를 바로 시행하기보다는 1단계에서부터 점차 2, 3단계를 거쳐 4단계로 완성해가는 전략으로 추진하는 것이 바람직하다.

4 단계. 반영 회의의 설계

반영 회의를 통해 문제를 해결하는 것을 선택했다면, 회의를 어떻게 개최할 것인지를 미리 설계하는 것이 필요하다. 이때 핵심적으로 고려해야 하는 것은 목적(Purpose), 참여자(Participant), 진행절차(Process), 장소(Place) 등 4P에 해당하는 것들이다.

목적은 위에 예로 든 문제를 해결하는 것이 되며, 참여자는 그 목적하는 문제를 푸는 데 필요한 정보를 가지고 있는 사람들이 되어야 한다. 가장 바람직한 것은 문제를 공지하고 자발적으로 반영 회의에 참여할 사람을 모집하는 것이다. 조직문화가 아직 이에 이르지 못한 경우에는 조직의 리더 또는 퍼실리테이터가 문제의 해결에 관한 정보를 가지고 있는 사람을 중심으로 참여자를 선정한다.

그동안 우리나라에서 개최한 많은 문제 해결 워크숍이 충분히 성공을 거두지 못한 요인 중 하나는 사안에 따라 진행절차를 맞춤형으로 설계하여 적용하지 못하고, 외국에서 만든 하나의 진행틀 속에 모든 문제를 대입하여 푸는 방식으로 적용했기 때문이다.

유능한 퍼실리테이터는 워크숍의 목적, 조직의 문화, 구성원의 특성, 과거의 해결 시도 방식 등을 고려하여 새롭게 설계한 반영 회의를 진행한다. 이러한 회의는 다음에 설명될 PASAQADE의 순서를 기초로 하여 문제의 특성에 맞게 설계하는 것을 권장한다.

그 다음으로, 다루어야 할 문제와 그 문제의 해결방안에 대하여 최종 의사결정을 어떻게 할 것인지가 명확해지면 이에 따른 회의를 설계하게 된다.

회의의 디자인에서 고려되어야 할 중요한 요소(4P)로는 다음과 같은 것들이 있다:

+ **목적**(Purpose) : 기대효과와 회의 목적의 구분, 결과물의 명확화
+ **참여자**(Participant) : 목적에 부합하는 참여자, 이해관계자, 퍼실리테이터
+ **진행절차**(Process) : 시간, 회의 순서, 도구와 기법
+ **장소**(Place) : 테이블 배치, 장비와 문구, 게시물, 다과와 음료 등

5 단계. 반영 회의 진행

반영조직의 핵심, 반영 회의

참여한 구성원의 의견을 문제 해결의 결론에 철저하게 반영하는 것이 반영 회의의 중심이 된다. 여기서 퍼실리테이터는 효과적인 절차를 설계하고 중립을 잘 지키며, 적절한 도구와 기법을 적용하여 구성원의 생각과 의지를 결론에 담아낸다.

이 반영 회의는 다루는 사안에 따라 1회로 완결할 수도 있고, 신제품 개발과 같이 수십 차례의 워크숍을 걸쳐 진행할 수도 있다. 반영 회의의 마지막 시간에는 반영 회의 결과물 또는 워크숍 결과물(Deliverable)이 도출된

다. 이는 일반적으로 문제 해결의 솔루션이며, 결론 또는 솔루션으로 결정하는 것을 말한다. 앞서 설명한 의사결정의 4 수준처럼 반영 회의에 어떤 권한을 주었느냐에 따라 결론은 최종 결정이 될 수도 있고, 건의안이 될 수도 있다. 바람직한 것은 반영 회의 결과물이 최종 결정으로서 시행안 또는 업무과제가 되는 것이다.

퍼실리테이터의 도움으로 개최한 반영 회의의 결과물은 창의적이고 현명한 것이 된다. 참여자의 숨은 의지, 숨은 정보, 잠재력을 최대한 발휘할 수 있도록 긍정적 인간관으로 중립을 지키면서 앞서 설명한 도구와 기술을 효과적으로 적용하였기 때문이다.

회의 단계는 해결하고자 하는 문제에 대하여 관심을 가진 구성원들이 한자리에 모여 이에 대하여 거리낌 없는 의견을 개진하고, 서로의 생각을 교환하고 발전시켜 창의적이고 효과적인 해결안을 찾아내는 과정이다. 이때 중요한 것은 회의가 진행되는 과정과 이를 진행하는 사람이다.

서로 좋아하는 청춘 남녀가 있다 하자. 남녀가 사랑하고 결혼하게 되기까지를 살펴보면 일정한 순서를 거쳐 발전해 가는 것을 알 수 있다. 차를 마시고, 식사를 하고, 영화를 보고, 손을 잡고, 키스하고, 양가 인사를 나누고, 결국 결혼에 골인한다.

이 순서의 어딘가에 이상이 생기고 뒤바뀌면 사랑은 제대로 진전을 이루지 못할 수도 있다. 이처럼 조직에서 구성원의 의지를 다루어 가는 과정도 세심하게 순서를 밟아가는 것이 필요하다. 이 순서의 잘못으로 인하여 구성원들은 입을 다물거나 창의성을 충분히 발휘하지 못하기도 한다.

그러나 반영조직으로서의 회의 절차를 잘 거쳐 왔다면 상황은 달라진다. 회의의 시작부터 구성원의 의지를 담아내기 시작하였고 논의 과정에서 공정하고 합리적으로 구성원의 의견을 잘 반영해 왔기 때문에, 회의의 결과물인 과제에 대하여 애착과 실행의 의지를 갖게 된다.

따라서 회의 결과로 만들어진 과제에 대하여 구성원 스스로 수행하고자 하는 과제를 선택하게 하고, 그 자발적 선택에 대하여 감사와 인정을 보내주는 것이 실행 단계의 중요한 방법이다. 그리고 이 실행에는 리더의 지지, 자원의 공급, 제도의 마련과 같은 조직적 차원의 지원이 필요하다.

이처럼 구성원들이 내린 결론이 실행되고 그로부터 효과가 나타남을 감지할 때 구성원들은 깊은 자부심을 가지게 된다. 만약 효과를 내지 못하고 실패한다 해도 그 실패를 책망하지 않고, 실패의 원인을 탐색하고 다시 구성원의 의견을 반영하여 합의에 따른 결정을 내리게 되면 구성원은 높은 소속감과 충성심을 가지면서 일하게 될 것이다. 이러한 일이 반복적으로 일어나는 조직이 반영조직이다.

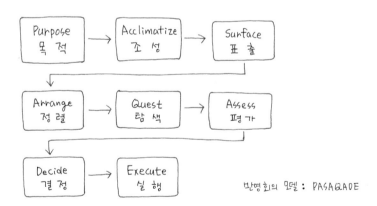

반영회의 모델 : PASAQADE

144

반영 회의 모델: PASAQADE

반영조직의 일반절차 모델 안에는 반영 회의가 진행되는 절차를 보다 자세하게 세분화한 반영 회의 모델이 있다. PASAQADE 로 이름 붙여진 이 모델은 다음의 8단계로 구분된다.

+ **목적**(Purpose) : 반영 회의를 진행하기 전에 어떤 목적으로 회의를 할 것인지를 확정하는 단계
+ **조성**(Acclimatize) : 목적에 맞는 참여자, 시간, 장소, 도구 선정 및 참여자의 참여 욕구를 자극하는 단계
+ **표출**(Surface) : 참여자 내면의 정보, 지식, 창조력, 이슈, 걱정, 가정 등을 꺼내놓는 단계
+ **정렬**(Arrange) : 표출된 아이디어를 인과, 연관, 절차 등의 구조로 파악하여 정리하는 단계
+ **탐색**(Quest) : 정렬된 아이디어를 근거로 추가적인 가능성, 인과관계, 합리성 등을 탐색하는 단계
+ **평가**(Assess) : 제기된 아이디어와 대안 중에서 의사결정을 위해 필요한 평가기준을 확인하고 이를 적용하는 단계
+ **결정**(Decide) : 평가를 바탕으로 구성원의 의견을 최대한 반영하여 대안을 최종 선택하는 단계
+ **실행**(Execute) : 결정된 시행안이 실제로 실행될 수 있도록 책임과 기한을 명확하게 하는 단계

이 과정은 퍼실리테이터인 반영 리더의 조력에 의하여 진행하게 되며, 반영 리더가 충분히 양성되지 않은 경우에는 조직의 여건에 따라 외부 퍼실리테이터나 사내전담 퍼실리테이터가 수행할 수 있다. 혹은 해당 문제 해결의 책임 리더나 해당 문제 해결의 담당자가 퍼실리테이터의 역할을 수행할 수도 있다.

이때 중요한 것은 리더의 퍼실리테이션 역량이다. 중립적 진행 역량이 부족한 리더에 의하여 진행될 경우, 참여자들은 자신의 의견을 충분히 꺼내놓지 못하고 제한된 의견 속에서 해결안을 찾게 되어, 결국 해결안으로서 부실한 결과물을 내놓는 경우가 발생하게 된다. 이렇게 될 경우 리더는 회의 과정에 대하여 회의적 시각을 갖게 되고, 구성원의 의견을 반영하는 회의 방식은 비효율적이라는 인식을 하게 된다.

그러나 내면을 들여다보면 부실한 결과물이 나온 것은 회의 참여자로서의 구성원들이 자신의 의견을 충분히 개진하지 않은 결과이고, 그렇게 된 것은 리더의 퍼실리테이션 역량이 부족했기 때문이다. 부실한 결과물은 반영 회의라는 방식의 문제라기보다는 리더의 퍼실리테이션 역량 문제가 큰 것이므로, 반영조직이 되기 위해서는 리더들이 퍼실리테이션을 잘 수행할 수 있도록 리더의 역량 강화가 우선되어야 한다.

6 단계. 회의 결과물

반영 회의가 종료되고 나면 남는 것은 회의 결과물이다. 회의의 목적(P)을 정하고 그 목적을 달성하기 위하여 ASAQAD[11]의 단계를 거쳐 회의를 진행하고 나면, 맨 마지막에 손에 잡히는 구체적인 무엇인가가 남게 된다. 비전을 만드는 것이 목적이었다면, 결과물은 '비전 선언문'이 될 것이

---

11 PASAQADE 모델에서 순수하게 회의의 본체가 되는 것은 목적(P)과 실행(E)을 제외한 ASAQAD 부분이다.

다. 불량률을 낮추는 것이 목적이었다면, '불량률 저감 방안'이 결과물이 될 것이다. 문제해결을 위한 반영 회의의 결과물은 대체로 솔루션의 성격을 지닌다.

회의 전에 목적을 명확하게 선언하였다 하더라도 결과물에 대한 이미지는 참여자마다 다를 수 있다. 예를 들어 업무계획 수립을 위한 반영 회의를 개최하기로 한 경우 업무계획이라는 회의 결과물이 남게 될 것이다. 그러나 업무계획이 어떤 모습을 띄게 될지는 사람마다 큰 차이를 보일 수 있다. 몇 줄로 된 업무 목록의 형태를 상상하는 사람도 있을 수 있고, 업무마다 한 페이지로 정리된 계획서를 상상하는 사람도 있을 수 있다. 그러므로 회의를 시작하기 전에 최종 결과물이 어떤 형태를 띠게 될 것인지를 참여자에게 명확하게 알려줄 필요가 있다. 이는 회의 결과물을 순조롭게 완성하는데 효율성을 높여준다.

7 단계. 실행 단계

반영 회의에서 결정한 것을 시행하고 실행하는 단계이다. 집을 짓기 위한 설계안을 결정하였다면 실제로 그 설계에 따라 집을 짓는 것을 말한다.

결정은 실행을 위한 것이다. 결정을 해놓고 실행을 하지 않는다면 결정을 위해 투입한 인원, 시간, 예산은 모두 낭비한 것이 된다. 구성원의 의지가 반영되지 않은 결정은 실행에서 어려움을 겪는다. 그러나 반영 회의를 거친 결정은 구성원들이 자신의 의지를 반영한 것이므로 열정적으로 실행에 참여하고 성공을 위해 협력한다.

자발성은 자율의 귀결이다. 반영 회의는 구성원의 자유 의지를 존중하고 그들의 의지를 반영하여 자율로 결정하도록 하는 과정이다. 퍼실리테이터 또는 리더가 중립을 지킨다는 것은 바로 참여자에게 자율을 준다는 것을 의미한다. 즉 결정이 참여자의 자율에 달렸다는 것이다.

그러므로 구성원들은 자신의 의지에 의하여 내린 결론을 실행하는 데 있어 책임감과 자부심을 느끼고 그 실행에 자신의 열정을 담아내게 된다. 이 모습이 바로 자발성이다. 자발성은 상대에게 요청하거나 훈계하여 만들어지는 것이 아니라, 자율을 주었을 때 저절로 생겨나는 것이다.

구성원의 창의, 열정, 협력이 일어나는지를 자세히 관찰했을 때, 만약 구성원들의 창의력이 발휘되지 않고, 업무에 열정이 살아나지 않으며, 구성원 간에 협력의 의지와 모습이 나타나지 않는다면 굳이 반영조직의 반영 회의 방식을 채택할 이유가 없게 된다. 이때는 명령, 훈계, 질책, 티칭, 코칭, 컨설팅 중 하나의 방식을 채택하는 것이 더 바람직할지를 재검토해야 한다.

실행 단계에서 주목할 일은 바로 이러한 반영 회의의 효과를 점검하고, 또 실행하기로 정한 것들이 제대로 실행되도록 관리하는 일이다.

8 단계. 실행 결과물

반영 회의에서 내린 결정을 실행하고 나면 실행 결과물이 남는다. 즉 집을 짓고 난 후 생겨난 집이 실행 결과물이 된다. 예를 들어, 불량률이 높은 문제를 해결하기 위한 회의에서 불량률을 낮추려는 방법으로 새로운 교대 근무시간을 변경하기로 결정했다면, 교대 근무시간 변경은 업무과제가 되고, 그 업무과제를 실행한 실행 결과는 바로 교대 근무시간을 변경한 것이 된다. 또한 공장을 증설하기로 한 것이 워크숍 결과물이었다면, 실행은 공장을 증설하는 것이 되고, 실행 결과물은 증설한 공장이 된다.

9 단계. 효과

여기서 효과란 반영 회의의 결과물을 실행하여 얻어진 실행 결과물이 내는 효과를 말한다. 위의 예를 다시 든다면, 집을 지은 효과, 교대 근무시간의 변경이 내는 효과를 말한다. 집을 잘 지었다면 집에 입주하여 살게 될 것이다. 교대 근무시간의 변경이 현명한 것이었다면 불량률이 떨어지는 효과를 거두게 될 것이다. 또한 공장 증설이 현명한 것이었다면 공장 증설로 인하여 회사의 수익이 높아질 것이다.

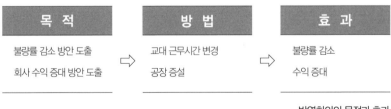

목 적		방 법		효 과
불량률 감소 방안 도출	⇨	교대 근무시간 변경	⇨	불량률 감소
회사 수익 증대 방안 도출		공장 증설		수익 증대

반영회의의 목적과 효과

반영조직 모델은 조직이 퍼실리테이션에 의한 반영 회의를 통하여 어떻게 조직의 효과성을 높여가는지를 설명하는 통합모델이다.

이 모델에서 이슈와 문제는 주로 조직의 전략 수립과 같은 조직 차원의 커다란 문제겠지만, 사무실의 화분 옮기기와 같은 매우 지엽적인 문제일 수도 있다. 커다란 문제를 다루는 반영 회의는 많은 인원이 긴 시간 동안 회의를 하게 될 가능성이 많고, 작은 문제를 다루는 반영 회의는 적은 인원이 짧은 시간 동안 회의에 참여하게 될 것이다.

이처럼 조직은 크고 작은 문제를 회의를 통하여 해결한다. 중요한 것은 회의에서 구성원들의 의지가 얼마나 많이 반영되느냐 하는 것이다. 반영조직은 구성원들의 의지를 잘 반영하는 반영 회의를 운영함으로써 창의적이고 현명한 결론에 도달한다. 그리고 구성원의 의지가 잘 반영된 것으로 말미암아 실행 과정에 열정적으로 참여하고 성공을 위해 협력하게 된다.

10 단계. 장기효과

장기효과란 어떤 문제를 해결함으로써 얻고자 했던 궁극적인 효과를 말한다. 이 효과를 내는 데는 시간적 지연이 발생하고, 다른 요인들로 인하여 효과가 오염될 수 있다. 즉 집을 짓고 입주하여 사는 경우 입주하는 것 자체가 궁극의 목적이 될 수 없다. 입주하여 살게 됨으로써 가족이 화목해지거나 생활이 윤택해지는 것이 궁극적인 목적이 된다. 이 때 가족의 화목이나 생활의 윤택은 반드시 집에 들어가서 사는 것만으로 달성된다고 할 수 없다. 가족 간의 관계, 음식, 경제적 안정 등이 동반되어야 한다.

　이 지점에서 시스템 사고의 중요성이 연결된다. 조직의 궁극적인 목적은 어떤 하나의 작은 과제의 시행으로 달성되는 것이 아니므로 조직 전체의 맥락에서 총체적이고 통합적 시각을 동원하여 이해할 필요가 있다. 그러므로 조직의 여러 분야에 있는 구성원들이 한자리에 모여서 조직이라는 유기체를 동시에 바라보고 이해하고 어떻게 작동하는지를 살피는 과정은 절대적으로 필요하다. 그리고 이는 반영 회의를 통해 달성된다.

Chapter 6

기술은

시간을 극복한다

반영조직의

실현 기술

발언의
공포 제거

024

발언은 생각보다 어려운 일이다

　　반영조직은 구성원의 의지를 조직의 의사결정에 늘 반영하는 조직이므로, 구성원의 의지가 어디에 있는지를 확인하는 것이 반영의 출발이다. 따라서 반영조직에서 리더의 역할은 구성원들의 발언을 촉진하고 그 발언에 늘 귀를 기울여야 한다.

　　많은 리더는 반영을 하고 싶어도 구성원들이 발언하지 않는다는 불만을 품고 있다. 그러나 정작 구성원들은 발언의 공포로 인하여 발언을 못하고 있는 경우가 많다. 그리고 이 발언의 공포는 대체로 리더가 조성한 것이다. 말했다가 의견이 대립하였거나 자신의 의견이 무시당한 경험을 가진 구성원은 리더 앞에서 발언을 자제하고 입을 다문다. 따라서 반영 리더는 구성원들이 가지는 발언의 공포인 심리적 장벽을 제거하여, 자유롭고 편하게 발언할 수 있는 안전한 환경을 제공해 주는 사람이어야 한다.

　　회의에 참석하는 많은 참여자들은 대부분 하고 싶은 말을 덮어두고, 답답함을 느끼면서 회의가 빨리 끝나기만을 기다리는 것이 보통이다. 동료들끼리 나누던 그 많은 의견과 아이디어들도 상사 앞에 서면 언제 그랬냐는 듯이 감춰두고 꺼내놓지 않는다. 이것은 참여자 사이에 권력의 평형(Power Balance)이 이루어지지 않았기 때문이다. 권력의 평형이 이루어지지 못한 모임이나 회의에서는 하위 직급이나 약자의 위치에 있는 사람들은 대부분 발언의 공포와 주저함을 느끼며 입을 다물게 된다.

발언의 공포

약자로서의 구성원들의 마음속에는 다음과 같은 공포와 수치심이 도사리고 앉아 발언을 방해하고 있다.

+ 내 의견이 상사(강자)의 의견과 다르지 않을까?

+ 내 의견을 무시하지 않을까?

+ 내 의견에 기분 나빠하지 않을까?

+ 말했다가 질책을 듣지 않을까?

+ 조리 있게 말할 수 있을까?

+ 내 의견에 다른 사람들이 동의할까?

+ 무식해 보이지 않을까?

+ 잘난 체 한다고 하지 않을까?

+ 이기심이 있다고 하지 않을까?

+ 내 말을 하찮게 생각하지 않을까?

+ 엉뚱한 사람이라고 생각하지 않을까?

+ 내 말로 인하여 내 일이 늘어나지 않을까?

+ 내 말이 틀린 것은 아닐까?

+ 말을 실제로 해도 되는 것인가?

+ 아부한다고 비난하지 않을까?

+ 말하면 회의가 길어지지 않을까?

사람은 늘 성취하고 싶어 한다. 적어도 망신을 당하거나 자신의 행동이 무시되는 것을 바라지 않는다. 자신의 발언이 존중되지 못하고 무시되거나 비난받게 되면 의도한 심리적 성취를 이루지 못한다. 단지 성취를 이루지 못하는 정도에서 그치지 않고, 발언으로 인하여 오히려 부정적인 결과를 가져올 수 있다는 걱정을 하게 된다. 흔히 말하는, 가만히 있으면 중간은 간다는 인식은 이를 설명하고 있다.

발언의 공포를 제거하는 리더의 역활

리더가 구성원의 의지를 살려내고 그 의지가 실현될 수 있도록 도와주는 첫 출발은 회의에서 발언의 공포를 제거해 주는 것이다. 발언의 공포에 대하여 약자인 구성원이 할 수 있는 일은 용기를 내는 것밖에 없다. 그러나 그 용기를 내는 일은 쉽지 않다. 용기 내는 일을 구성원에게만 맡겨두어서는 안 된다. 리더는 적극적으로 발언의 안전한 환경을 제공해 주어, 발언의 공포를 제거해 주는 것이 필요하다. 발언의 공포는 주로 강자인 리더가 조성했기 때문이다. 구성원이 마음 깊이 간절히 바라는 것은 리더가 자신의 말을 들어주는 것이다.

발언의 공포를 제거해 주는 일반적인 방법들은 다음과 같다.

발언의 공포를 제거하기 위한 해결책

+ 어떤 발언도 도움이 되는 것임을 설명한다.

+ 발언이 편해지도록 자유분방한 분위기를 조성한다.

+ 작은 그룹에서 발언하도록 한다.

+ 발언자로부터 도움을 얻으려는 태도와 표정을 보여준다.

+ "모든 의견은 동등하게 귀중하다."라는 문구를 게시한다. 이를 설명하고 실천한다.

+ 발언한 내용이 정당하고 귀중하게 사용된다는 것을 알린다.

+ 발언에 비판하지 않겠다고 선언한다.

+ 발언에 대하여 불이익이 없음을 선언한다.

+ 회의의 진행자가 중립을 지킨다.

+ 계급장을 뗀다.

+ 발언을 정리할 시간을 주고 발언할 때까지 기다린다.

+ 발언자를 칭찬한다.

+ 경청한다.

+ 발언 내용을 기록한다. 특별한 사정이 없는 한 발언한 대로 기록한다.

+ 발언 내용을 반복하여 정확히 듣고 있음을 확인시켜 준다.

+ 발언자가 누구인지 모르게 한다.

+ 역할을 지정하여 발언하게 한다. (예: 악마의 대변자)

+ 정말로 불이익을 받지 않도록 철저히 보호한다.

+ 강자는 발언하지 않도록 한다.

+ 미숙하고 서툰 발언에 책임지지 않도록 한다.

+ 미숙하고 서툰데도 불구하고 발언한 것을 인정하고 격려해준다.

+ 지난 번 발언의 결과로 개선이 이루어졌음을 보여준다.

리더의 이러한 행동 또한 쉽지 않다. 그것은 구성원에 대한 불신에서 비롯된다. 구성원들이 말을 하지 않던 경험, 구성원들이 시원치 않은 의견을 냈던 경험, 구성원이 일을 게을리하던 모습을 지켜본 경험, 구성원이 이기적인 발언만 하던 경험 등 실제로 여러 번 이런 모습을 객관적으로 보아왔기 때문에 구성원들이 발언을 하게 하는 것에 대하여 리더 자신의 문제라기보다는 구성원의 문제라고 보는 신념을 가진 경우가 많다. 이 신념은 구성원에게 말할 기회를 주는 것 자체를 가치 없는 일로 치부하게 만든다.

혹 말하는 것을 허용한다 해도, 구성원의 발언에서 얼마나 좋은 의견이 나올까 하는 의심 또한 짙다. 좋은 의견을 내는 것을 본 경험이 거의 없기 때문이다. 이 역시 리더 자신의 문제라기보다는 구성원의 자질에서 비롯된 것으로 믿고 있다.

그러나 리더의 이러한 신념이나 판단은 사실과 다를 수 있다. 제3장에서 말한 반영조직의 신념을 바탕에 두고 발언의 공포를 제거하면 구성원들은 발언하기 시작한다. 공포를 더 효과적으로 제거하면 창의적인 발언이 생기기 시작하고, 그 창의적인 발언은 다른 구성원의 의견과 합해지면서 더 좋은 의견으로 발전한다. 유능한 퍼실리테이터는 이 과정이 효과적으로 일어날 수 있도록 도구와 기법을 적용하고 구성원을 진심으로 존중한다. 그렇게 하면 구성원들은 많은 것을 바꾸어 가게 된다.

질문과
경청

025

진짜로 질문 하였는가?

　　말하지 않는 구성원에게 말을 거는 가장 바람직한 방법은 질문하는 것이다. 그런데 이때에도 많은 리더는 질문을 해도 대답하지 않는다며 답답해한다.

　　그러나 이 경우 질문자는 자신의 마음을 잘 들여다볼 필요가 있다. 질문을 할 때 잘못을 지적하려 하지는 않았는지, 상대방이 무엇을 잘못했으며 얼마나 바보 같은지를 알려 주려 한 건 아닌지를 살펴야 한다. 만약 그런 마음으로 질문했다면 그것은 단지 의문문을 사용한 것일 뿐 질문한 것이 아니다. 의문문을 사용하여 자신의 의지를 전달하거나 상대방을 가르치려 한 것은 질문이라고 할 수 없다.

　　질문은 상대방의 의견을 구하는 것이지, 나의 의견을 설명하려는 것이 아니다. 바로 이것이 많은 사람들이 착각하는 것이다. 질문을 하려면 '진짜로' 물어야 한다. 오만가지 생각의 질책과 책망을 하려는 마음을 숨겨두고 근사한 리더처럼 보이기 위하여 질문을 던지는 것은 겉모양만 질문이지 진정한 질문이 아니다. 질문을 할 때는 진정으로 구성원으로부터 답을 찾겠다는 마음이 있어야 한다. 이 역시 제3장의 반영조직의 신념이 기초가 된다.

구성원의 의견을 진심으로 반영하려는 리더는 당연히 구성원의 의견이 무엇인지 알고 싶을 것이므로, 질문하는 것이 자연스러워진다. 구성원에게 답이 있고, 답을 찾을 능력이 있으며, 일을 잘하려는 선한 의지가 있다고 보는 인간관을 가진 리더는 질문을 통해 구성원의 의견을 찾는다. 따라서 리더가 질문을 던지는 것은 지극히 당연한 것이 된다.

반면 구성원에게 답을 찾아낼 능력이 없고, 능동적으로 답을 찾으려는 의지가 없다고 생각하면, 리더는 자기 자신이 답을 제시하거나 구성원의 능동적이지 못한 태도를 책망하는 발언을 하게 된다. 여러 종류의 리더십 서적에서 질문하는 리더의 중요성을 언급하고 있기 때문에, 그저 근사한 리더로 보이기 위하여 질문을 사용해 보지만 그 실제 의미는 책망이나 훈계일 뿐이다.

정말로 물었다면 경청은 자연스러워진다. 반영조직은 구성원의 의견을 의사결정에 반영하는 조직이므로, 리더가 구성원의 의견을 경청하는 것은 지극히 당연하다. 구성원에게 답이 있다고 생각하는 리더가 그 답을 찾기 위하여 질문하고, 그 질문에 대한 대답에 귀를 기울이는 것은 당연한 결과이다.

이러한 질문과 경청은 구성원들이 자유와 성취를 실현할 수 있도록 도와주며, 그 결과 구성원들은 자발성과 주인의식을 가지게 된다.

효과적인 질문들

+ 어떤 문제를 다루어 볼까요?

+ 지금 가장 중요한 것은 무엇일까요?

+ 무슨 일이 일어났나요?

+ 어떻게 할까요?

+ 그렇게 하면 좋은 점이 무엇인가요?

+ 우리는 어떤 기대를 가지고 있나요?

+ 누가 가장 그 일을 잘할까요?

+ 시간이 얼마나 필요한가요?

+ 그 일에 대하여 걱정하고 있는 것은 무엇인가요?

+ 필요한 조치는 무엇일까요?

+ 상대방은 어떻게 생각하나요?

+ 또 다른 이유는 무엇인가요?

+ 최악의 상황은 무엇인가요?

+ 어떻게 극복할 수 있나요?

+ 무엇이 필요한가요?

일반조직의 리더는 질문보다는 지시를 한다. 질문을 하더라도 그것은 진짜로 묻는 것이 아니라 훈계의 메시지를 전하려는 것인 경우가 많다. 반영조직의 리더는 질문을 한다. 그리고 구성원의 대답을 듣고 이를 결정에 반영하여 시행하는 데 집중한다.

기록과
시각화

026

집단기억장치(Group Memory)가 필요하다

구성원들이 함께 모여 의견을 나누고 의사결정을 하는 대표적인 현장이 바로 '회의'이다. 그래서 회의의 진행 과정과 이후 결과를 보면 그 조직의 문화를 한눈에 알 수 있다.

반영조직의 커다란 특징 중의 하나는 구성원들이 개진한 의견을 적어 늘 보이는 곳에 게시한다는 점이다. 회의 중 구성원들이 제시한 의견이 기록되고 게시되면 리더와 다른 구성원들이 게시된 의견을 쉽게 볼 수 있다. 의견들이 기록되고 시각화함으로써 의견을 제시한 사람은 존중받는 느낌이 들게 되고 자신의 발언이 경청되고 있다는 것을 알게 된다. 또한 회의 참석자들은 의논 과정에 필요한 경우 언제든 제시된 의견들을 다시 확인할 수 있으므로 보다 체계적이고 확장된 사고를 할 수 있게 된다. 이는 최종 의사결정에 구성원 모두의 의지가 잘 반영되는 데 도움을 준다.

회의가 지루해지거나 효과적으로 결론을 내지 못하는 이유 중 큰 것은 회의 중 개진된 의견들을 기록하지 않는 데 있다. 여기서 기록은 집단을 위한 기록을 말한다. 그러므로 개인이 수첩에 기록하는 것은 여기서 말하는 기록의 효과를 내지 못한다. 회의나 워크숍은 집단이 하는 것이다. 따라서 이 집단이 효과적으로 그룹워크를 진행하려면 참여자의 발언 내용을 효과적으로 기록하여 실시간으로 확인할 수 있게 하는 것이 중요하다.

직접 눈으로 확인할 수 있다면 효과는 배가 된다

일반적인 기록의 도구로는 접착 메모지, 차트, 전지, 칠판, 화이트보드 등이 있다. 그런데 기록의 본질은 다시 보는 데 있으므로, 회의 중 생산되는 모든 기록물은 참여자들이 앉은 자리에서 읽을 수 있는 크기로 적어두는 것이 필요하다. 간혹 접착 메모지에다 볼펜이나 네임펜을 사용하여 작은 글씨로 쓰는 경우가 있는데, 이 경우 멀리 앉아 있는 사람은 그 자리에서 확인하기 어려울 수 있으므로 주의해야 한다.

칠판이나 화이트보드를 사용하는 경우에도 주의를 기울여야 한다. 보드에 가득 채워 기록한 뒤에는 이를 지워야 하는 일이 발생할 수 있다. 이때 가급적 차트를 활용하여 기록하고, 활용 가능한 모든 벽면을 이용하여 게시함으로써 회의 과정에서 논의된 사항을 즉시 확인할 수 있도록 하면 회의의 효율을 높이는 데 큰 도움이 된다.

회의 진행 중 리더가 직접 기록하는 것이 불편하거나 차트 기록의 기술이 부족한 경우에는 다른 사람에게 기록자의 역할을 요청하여 기록을 수행하는 것도 고려해볼 수 있다.

우리나라에서는 회의 내용을 기록하여 차트나 벽에 게시하면서 진행하는 회의에 대한 경험이 거의 없다. 그러므로 이를 실제로 도입하려면 리더의 상당한 용기가 필요하다. 다른 사람들이 이상하게 여기지는 않을지, 요란을 떤다는 비난을 받지 않을지, 리더의 위신이 떨어지는 것은 아닌지, 기록을 하면서 회의를 하여도 별다른 차이가 없지는 않을지 많은 걱정을 하기 마련이다. 그러므로 조직 차원에서 이를 도입한다는 공식적인 선언을 하고 지지를 보내주는 것이 필요하다.

회의는 구성원들이 가진 지식과 정보를 처리하는 과정이고 이는 병렬 컴퓨터가 하는 일과 비슷하다. 만약 컴퓨터가 하드디스크라는 보조기억장치가 없이 중앙처리장치(CPU)에만 의존하여 일하게 한다면 컴퓨터의 성능은 매우 제한적일 것이다. 회의에서 기록과 시각화는 컴퓨터의 하드디스크와 같다. 이를 활용하면 회의는 커다란 성능을 발휘하게 된다.

기록의 방식이 바뀌면 회의도 바뀐다

회의 내용을 차트에 기록하면서 진행하는 회의 방식은 전통적인 회의의 엄숙하거나 정숙한 모습과는 다른 분위기를 연출한다. 이러한 회의는 참여자들에게 약간의 어색함을 줄 수 있으며, 특히 권위 있는 리더에게는 회의가 경박하다는 인상을 받게 할 것이다.

리더의 그러한 지각은 소통하고 반영하는 회의를 조직 내에 들여오기 어렵게 하는 장애로 작용한다. 하지만 조직이 소통을 이룬다는 것은 바로 권위적인 분위기를 유연하게 바꾸어 낸다는 것을 의미한다. 엄숙하고 경직된 분위기에서 창의와 협력이 이루어지기는 어렵다. 개방적이고 다소 경박해 보이는 새로운 분위기를 리더가 받아들이지 않는 한, 조직을 개선해 보려는 변화의 시도들은 한낱 구호에 그치고 실효성을 잃게 될 것이다.

리더는 자신의 권위와 체면을 지키는 것이 중요한지, 조직의 효과성을 높이는 것이 중요한지에 대하여 깊은 내면의 질문을 던져볼 일이다.

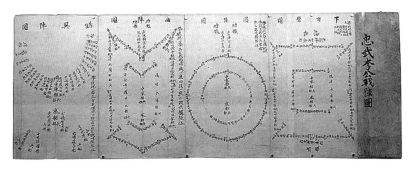

충무공의 기록과 시각화

기록과 시각화는 인류와 함께 공존해왔으며, 인류의 발전에 중요한 요인으로 작용했다. 역사 속 인물인 충무공 역시 다양한 기록물을 남겼다. 그가 학익진, 곡진, 원진을 말로만 표현하려 했다면, 충무공은 불명확한 소통을 이루었을 것이다.

기법과
도구

027

기법과 도구라는 말은 흔히 혼용해서 사용되기 때문에 그 개념을 뚜렷하게 구분하기가 어렵다. 군이 뉘앙스로 구분해본다면, 기법(Method)은 문제 해결 또는 정보처리를 효과적으로 할 수 있도록 순서를 배열한 것이라는 의미를 내포하며, 도구(Tool)는 문제 해결 또는 정보처리에 적용되는 개념적 틀(예: SWOT, Fishbone) 자체를 지칭하는 말로 사용된다.

기법은 절차적 부분을 포함하고 있어, 처음에 무엇을 하고 나중에 무엇을 함으로써 문제가 해결된다는 식의 일련의 작업을 제시하고 있고, 도구는 사고를 분석적, 체계적으로 할 수 있도록 돕는 인지적 경계선과 연결선을 제시한 것이라고 볼 수 있다. 그러나 현장에서는 정확한 구분 없이 서로 대체하는 용어로 사용되고 있다. 예를 들면 SWOT나 브레인스토밍을 기법이라고 말하기도 하고 도구라고 말하기도 한다.

한편 절차와 도구를 조합하여 더 복잡한 문제를 해결하는 데 적용할 수 있는 범용적 방법론을 제시한 것에 대하여도 기법이라는 표현을 사용한다. 이를테면, 연성체계 방법론(SSM, Soft System Methodology), 오픈스페이스기법(OST, Open Space Technology), 강점탐색(AI, Appreciated Inquiry), 워크아웃(Work-Out), 참여의 기술(TOP, Technology of Participation), 식스 시그마(Six Sigma), 애자일(Agile), 디자인씽킹(Design Thinking), 명목집단법(NGT, Nominal Group Technology), 월드카페(World Cafe), 피시볼토의(Fishbowl Discussion) 등을 기법이라 부르는 경우가 많은데, 이는 방법론이라는 말과도 혼용하여 사용된다.

목적에 따라 필요한 수단은 다르다

반영조직의 리더는 조직개발에 필요한 다양한 기법과 도구[12]를 사용하고 구사할 줄 알아야 한다. 제2장에서 보았던 사례에서처럼, 나무를 톱으로 자르는 것과 손톱으로 뜯어내어 자르는 것은 엄청난 능률의 차이가 있다. 조직을 운영하거나 리더십을 발휘하는 데 있어서도 마찬가지다. 창의, 열정, 협력을 끌어내기 위하여 늘 구호만 외치거나 훈계와 정신교육으로 일관하는 것은 마치 손톱으로 나무를 베는 것과 같다. 효과도 없을뿐더러 상처만 남게 된다.

그동안 리더십을 발휘한다 했지만 잘되지 않았었다면, 그것은 아마도 손톱으로 나무를 뜯어내듯 리더십을 맨손으로 발휘하려 했기 때문일 것이다. 리더십은 관련된 책을 읽어 시각을 확장하고 지식을 보충하는 것만

---

12 절차별 도구와 기법에 대한 간략한 연결은 부록에 담아두었다.

으로는 충분치 않다. 조직을 보완하고 발전시키고자 하는 방향으로 리더십을 발휘하려면, 이를 효과적으로 수행할 수 있도록 도움을 주는 도구와 이를 다룰 줄 아는 기술이 필요하다. 리더십은 역량이고 역량은 지식, 기술, 태도의 종합이라고 일컬어지고 있다.

같은 음식도 요리사에 따라 맛이 다르다

각각의 도구는 워크숍의 절차에 따라 효과적으로 사용될 때 본래의 기능을 발휘하게 된다. 21세기의 소통하는 리더는 다양한 도구를 회의 때마다 적절히 사용하여, 구성원과의 소통의 능률을 향상시킬 줄 알아야 한다.

이러한 도구와 기법의 사용으로 회의의 능률을 높이려면 리더의 태도가 먼저 바뀌어야 한다. 우선 회의에서 일어서는 것에 대한 어색함을 버려야 한다. 진지하고 활발한 회의를 위하여 기꺼이 리더가 자리에서 일어나 보드나 차트 앞에 설 수 있어야 한다. 근엄함과 엄중함의 장벽 뒤에 있는 대신, 유연하고 열린 모습으로 편안한 분위기를 제공하고 도구를 사용하는 실무적 적극성을 받아들이는 것이 좋다.

반영조직의 관점에서 볼 때, 안 좋은 회의의 대표적인 모습은 바로 국무회의이다. 국무회의는 우리나라 최고의 의사결정기구인데, 텔레비전에서 비추어지는 국무회의의 모습은 대통령이 주로 혼자 이야기하고, 국무위원들은 열심히 그 말을 받아 적는 형태다. 하지만 대통령 혼자 이야기하는 이러한 회의 방식은 결코 모범이 될 수 없다. 물론 텔레비전을 통해 비추어지는 모습이 전부는 아니겠지만, 자칫 그러한 모습이 TV 광고 같은 효과를 내어 사람들의 모범이 될까 걱정된다.

반영 리더는 회의석상에서 일어나 보드와 차트에 구성원의 발언과 의견을 적고, 그 의견에 대한 전제와 이유를 물으며, 다른 구성원의 이견이 활발히 개진되도록 발언의 공포를 제거해 주는 역할을 하는 사람이다.

이때 활용되는 다양한 도구들은 회의 참여자들이 그저 말만 실컷 하며 속 풀이하는 것에 그치지 않는다. 그것들은 숨은 아이디어를 찾아내고, 흩어진 사고를 모아주고 발전시키며, 결론에 쉽게 도달하도록 돕는 데 결정적인 기능을 발휘한다.

개별 도구의 사용법에 대한 내용은 이 책에서 다루지 않는다. 독자들은 인터넷 검색을 통하여 이해를 높일 수 있으며, 자세한 사용 방법이 필요한 경우에는 해당 도구를 사용하는 워크숍을 참관하거나 퍼실리테이션 관련 교육훈련 프로그램을 이수하면 도움이 될 것이다.

기법과 도구는 수단이다

기법이나 도구를 사용하는 데 있어 잊지 말아야 할 것은, 이것은 어디까지나 목적을 달성하기 위한 수단이라는 것이다. 반영 조직은 조직 구성원들이 창의와 열정과 협력을 이루어내도록 돕는 접근 방법이다. 따라서 반영조직을 도입하여 반영조직을 운영하는 것 자체가 목적이 아니라, 창의와 열정과 협력이 결과로 일어나도록 하는 것이 목적이다.

예를 들어, 반영조직을 실현하는 방법 중 하나는 회의에서 브레인스토밍을 사용하는 것인데, 이 경우 브레인스토밍 자체는 목적이 아니다. 브레인스토밍으로 인하여 좋은 아이디어가 창출되고, 조직 안에 창의와 열정과 협력이 일어나는 것이 목적이다. 접착 메모지라는 도구를 사용하는 것도 마찬가지다. 접착 메모지를 사용하는 것은 구성원들의 의지를 모아 가는 데 도움이 되어야 한다. 접착 메모지 사용 자체가 목적인 것처럼 회의가 운영되어서는 안 된다. 도구는 목적을 달성하는 데 도움이 되는 수단일 뿐, 그 자체가 목적이 되거나 구성원의 참여가 도구를 사용하기 위한 수단처럼 작동되지 않도록 주의해야 한다.

이 점은 스스로 전문가라 칭하는 사람들도 쉽게 놓치곤 한다. 도구와 기법에 참여자를 맞추고 도구에 맞는 답을 찾는 것이 워크숍의 목적인 것처럼 운영하는 경향이 있는 것이다. 그렇게 되면 참여자들은 자신의 의견과 의지가 실현되고 있다기보다는 워크숍이라는 타인의 일을 대신 수행해주는 희생양이 된 것 같은 느낌이 들게 된다.

기법과 도구는 참여자 또는 구성원의 의지와 의견이 결정에 잘 반영되도록 돕는 도구이지, 그 자체가 목적이 아니다. 도구가 목적 달성에 도움이 되지 않는다면 이는 이미 도구로서의 정당성을 잃은 것이다.

퍼실리테이터로서의
반영 리더

028

반영조직에서 구성원들의 의지가 의사결정에 반영되게 해 주는 주체는 리더이다. 대부분의 리더에게는 이미 일정한 의사결정 권한이 부여되어 있다. 그러므로 구성원의 의견이 의사결정에 반영되게 한다는 것은 리더의 의사결정 권한을 포기한다는 의미가 된다. 이처럼 리더가 스스로의 권한을 포기하는 결단이 없이는 반영조직의 실현은 불가능하다.

반영조직에서 반영이 일어나도록 하는 리더의 역할에는 대부분 퍼실리테이션 역량이 필요하다. 퍼실리테이션은 집단이 공동 목적을 쉽게 달성할 수 있도록 도구와 기법을 활용하여 절차를 설계하고, 중립적인 태도로 진행 과정을 돕는 활동을 말한다. 그리고 이러한 활동을 잘 수행할 줄 아는 사람을 퍼실리테이터라 부른다.

반영 리더는 조직의 문제를 맥락 속에서 파악한다. 시스템 사고를 통하여 전체 시스템과 하위 시스템의 관계를 파악하고, 지엽적인 문제가 전체의 문제와 어떻게 연결되어 있는지를 확인한다. 조직문화, 리더십, 사기, 동기부여, 협력, 신상품 개발 등 조직 문제의 대부분은 복잡계의 문제이기 때문에 복잡계에 입각한 사고와 접근방식을 염두에 두고 접근해야 한다.

조직 내의 구성원은 기본적으로 독립적이며 학습하는 행위자로서 늘 단독으로 과거의 경험을 분석하고 그 결과 가지게 되는 신념에 따라 행동을 결정하려는 경향이 있다. 따라서 반영 리더는 이를 고려하여 문제에 접근해야 한다. 조직 대부분의 문제는 각 부서만의 독립된 문제인 경우가 없으므로, 조직 전체 차원에서 문제를 해결하려는 안목을 가져야 한다. 조직 전체가 움직이지 않는다고 해서 부서의 리더가 좌절하고 문제 해결을 포기할 필요는 없지만, 리더라면 조직 전체의 상황을 제약 조건으로 간주한 상태에서 부서의 문제를 인식하는 것이 필요하다. 예를 들어, 부서 내에서 구성원의 사기를 높이고자 하는 것은 조직 전체의 급여 시스템의 제약 속에 있다. 그러므로 그 한계를 받아들이는 상태에서 사기를 높이려고 시도할지 급여 시스템의 개선까지 고려하여 사기를 높일지를 판단해야 한다.

반영 리더는 문제를 인식하는 단계에서부터 구성원을 참여시킨다. 리더가 인식하는 문제와 구성원이 인식하는 문제는 격차가 있을 수 있다. 리더가 인식하는 문제를 해결하기 위해 구성원에게 그것을 요구할 때, 구성원이 그것을 중요한 문제로 인식하지 않는다면 그 구성원은 형식적인 참여를 하게 되어 효과적인 문제 해결에 별 도움이 되지 못할 것이다.

리더는 조직 전체에 대한 글로벌한 관점으로 문제를 인식하는 반면, 구성원들은 빠르게 변화하고 있는 환경과 직접 교류하면서 접점과 로컬 관점에서 발생하는 문제에 대하여 식견을 가지게 된다. 따라서 리더의 글로벌한 관점을 강요하는 경우, 구성원의 로컬 관점의 문제는 무시당하게 되며, 이는 결국 문제의 종합적 체계적 해결을 방해하게 되는 것이다.

반면, 반영 리더는 구성원으로부터 다루어야 할 문제를 인식한다. 그리고 필요한 경우 구성원들이 글로벌 관점에서 사안을 바라볼 수 있도록 질문을 한다.

이때 반영 리더가 주로 사용하는 질문은 다음과 같다.

+ 우리가 어떤 문제를 다루면 좋을까요?
+ 우선하여 풀어야 할 숙제가 있다면 무엇일까요?
+ 그렇게 생각하게 된 계기가 무엇이었습니까?
+ 제기된 문제들은 서로 어떤 연관이 있나요?
+ 그 문제는 조직 전체와 어떻게 연결되어 있을까요?
+ 제기된 이슈 중에서 어느 것을 우선으로 다루면 좋을까요?

그렇다면, 퍼실리테이터로서의 반영조직의 리더는 어떤 역할을 하며, 어떤 방식으로 조직을 이끄는가?

중립적 개입

리더의 중립으로 구성원의 참여를 돕는다

반영조직의 리더는 스스로는 중립을 지키고 구성원이 의견을 내어 합의에 도달할 수 있도록 돕는 사람이다. 이 구성원의 합의에 따른 의사결정은 구성원에게 머리를 쓰는 역할을 부여하는 것으로서 창의, 열정, 협력의 근원이 된다. 사람들은 어떤 사안에 대하여 위험부담이 있는 의사결정을 할 때 학습하고, 창의력을 동원하며, 자부심을 가지게 된다.

여기서 중립이란 리더 스스로 회의 내용에 대하여 의견을 제시하지 않고, 구성원의 어떤 의견에 찬성하거나 반대하지 않는 것을 말한다. 만일 조직 또는 부서의 리더로서 중립을 지키기보다는 의견을 개진하여 현명한 결론에 도달하는 것을 돕고 싶다면, 제3자에게 퍼실리테이션을 시행하도록 요청하면 된다. 그러나 이때 리더의 의견 개진은 다른 구성원으로 하여금 자유롭게 의견을 내는 데 방해가 될 수 있다는 점을 심각하게 고려해야 한다.

구성원들이 의견을 내는 데 있어 꺼림이 있고 리더의 영향력에 의하여 결론이 좌지우지된다면 그것은 반영조직이 아니며, 구성원들은 창의, 열정, 협력으로부터 멀어져 갈 것이다. 실제로 리더가 중립을 지키기 어렵다는 것이 현존하는 반영조직이 거의 없는 이유이다. 반영조직의 성패는 중립자로서의 퍼실리테이터인 반영 리더의 존재 여부에 전적으로 의존한다고 할 수 있다.

사고의 촉진

반영 리더는 퍼실리테이터로서 촉진 활동을 통하여 구성원들이 기존의 생각을 뛰어넘는 창의력을 발휘할 수 있도록 돕는다. 이 촉진 활동에는 효과적인 절차의 설계, 효과적인 질문, 충실한 기록, 기다림, 적절한 도구의 사용 등이 포함된다. 이러한 사고의 촉진은 평소 머릿속에 있던 피상적인 생각을 꺼내는 것에 그치지 않고, 심연에 있던 생각, 그리고 그 생각의 숨은 전제들을 꺼내고 탐색하게 한다. 그 결과 구성원들은 평소의 생각을 뛰어넘는 새로운 문제 해결 방안을 창출하는 경험을 하게 된다.

사고의 촉진을 돕는 방법

+ 효과적인 절차

앞서 설명한 절차의 설계 원칙을 잘 적용하는 것으로 실현된다. 이것은 미성숙한 심판(Premature Judgment)이 성급하게 내려지지 않도록 심판을 연기(Suspension of Judgment)하는 것을 기본으로 한다.

+ 효과적인 질문

의견을 개진하게 하는 질문, 사실을 확인하는 질문, 한 의견을 보충하거나 반대 의견을 확인하는 질문, 어떤 의견의 숨은 전제를 확인하는 질문, 주제와의 관련성을 확인하는 질문, 좀 더 생각하게 하는 질문 등이 효과적인 질문으로 작용한다.

✦ 충실한 기록

논의 과정을 기록하여 벽면에 부착해 두는 것은 퍼실리테이터의 매우 중요한 특징이다. 반영 회의의 참여자들은 자신 또는 동료가 개진한 의견이 차트와 벽에 기록되어 회의 내내 확인할 수 있는 상황 속에 있게 됨으로써, 사고를 효과적으로 확장하고 비교하며 발전시킬 수 있게 된다.

✦ 기다림

기다림은 촉진의 효과적인 수단이다. 참여자들이 자신의 의견을 정리하고 평소의 생각을 뛰어넘는 창의적인 아이디어를 개진할 수 있도록 진행 과정 중 적절한 기다림의 시간이 필요하다. 참여자가 발언을 늦추고 있는 것은 발언의 공포를 스스로 제거하고 있는 과정인 경우가 많다.

✦ 적절한 도구의 사용

퍼실리테이터는 접착 메모지, 차트, 보드 등과 같은 경성 도구와 브레인스토밍, 원더링 플립차트, 월드카페, DVDM[13] 같은 기법 및 T 차트, 매트릭스, 각종 다이어그램 등의 연성 도구를 활용하여 구성원의 사고를 촉진한다. 국제퍼실리테이터협회(www.iaf-world.org)와 쿠퍼실리테이션그룹(www.koofa.kr)에는 수백 개의 퍼실리테이션 도구와 기법들이 등록되어 있다.

✦ 정서처리

---

13 DVDM은 저자가 개발한 질문기법으로, 사고의 전환과정에 따른 네 가지의 질문(Definition, Value, Difficulty, Method)을 통해 이슈를 구체화하고 문제를 해결하기 위한 과정에 활용할 수 있다.

퍼실리테이터는 구성원들의 감정을 읽고 그 감정을 인정하고 돌볼 줄 알아야 한다. 불안한지, 지루한지, 즐거운지, 답답한지를 알아채고 구성원들이 정보 처리하는 과정을 순조롭게 헤쳐나갈 수 있도록 관계 기술을 사용할 줄 알아야 한다. 필요에 따라, 따라 말하기(Mirroring), 바꿔 말하기(Paraphrasing), 인정하기(Acknowledging), 연결하기(Linking), 추적하기(Tracking), 균형잡기(Balancing) 등의 기술을 발휘하여 만족스런 회의 경험을 이끌 수 있어야 한다.

신뢰와 진정성

위험도 감수하겠다는 리더의 용기

반영 리더가 중립을 지키며 구성원에게 의견을 물을 수 있으려면 구성원을 신뢰해야 한다. 구성원들이 리더 자신보다 경험과 지식도 부족하고 책임감도 덜하다고 생각하면, 리더는 더 이상 구성원들로부터 답을 구할 필요성을 느끼지 못하게 된다. 구성원들에게 답이 있다는 믿음이 존재할 때 비로소 리더는 반영조직을 선택할 수 있으며, 구성원들도 이 신뢰를 기초로 하여 용기를 내고 진지한 참여를 추구하게 된다.

신뢰에 관하여 짚어야 할 한 가지는, 신뢰란 잘할 것이라고 예상하는 것이 아니라는 점이다. 신뢰[14]란 구성원이 설사 일을 그르치더라도 그것을 리더가 감당하겠다는 의지(Willingness to be vulnerable)를 말한다. 구성원이 내린 결론이 미흡해 보이더라도 리더가 그것을 감수할 때 구성원들은 일이 정말로 맡겨졌다는 것을 느끼게 되고, 이때 구성원들은 제대로 책임감 있게 행동하게 된다. 이 위험하고 절묘한 경계선을 넘을 줄 아는 사람이 반영 리더이다.

구성원에 대하여 신뢰가 없는 리더는 구성원이 일을 제대로 하는지 감시해야 한다. 그러면 구성원의 의견을 최종 결정으로 반영하는 것을 위험하게 느껴 회피하게 된다. 놀랍게도 많은 연구들이 구성원들은 진정으로 자신들에게 일이 맡겨지면 그 일을 제대로 해낸다는 것을 증명하고 있다. 여기서 주의할 것은, 제대로 하여 성공할 것을 예상하기 때문에 일을 맡기는 것은 신뢰가 아니라는 점이다. 잘못하더라도 그로부터 발생하는 위험을 감수한다는 의지를 포함하고 있어야 진정한 신뢰이다.

다시 강조하자면, 구성원에 대한 리더의 신뢰는 반영조직의 핵심인 퍼실리테이션에 의한 반영 회의를 주요 업무 방식으로 선택할 것이냐를 가르는 결정적인 요인이 된다. 리더가 구성원을 신뢰하는 경우, 명령, 훈계, 질책, 티칭, 코칭, 컨설팅은 방법론으로서의 의미를 상실하고, 퍼실리테이션이 중요한 방법론으로서의 가치를 가지게 된다. 하지만 신뢰하지 않는다면 리더는 능력 없는 구성원에게 답을 제시해야 하고, 악의적이라고 여기는 구성원을 훈계해야 한다.

그러므로 진정성도 리더의 중요한 덕목이 된다. 구성원에 대하여 말하

---

14 신뢰는, 일방이 타방을 감시하거나 통제하는 능력이 있고 없고에 상관없이, 타방이 신뢰하는 사람(일방)에게 행하리라고 예상되는 중요한 특정 행위에 대하여 취약해지려는 일방의 의지이다. Trust is the willingness of a party to be vulnerable to the actions of another party based on the expectation that the other will perform a particular action important to the trustor, irrespective of the ability to monitor or control that other party. (Mayer, Davis, and Schoorman, 1995)

는 것과 행동하는 것을 일치시키고, 리더 자신이 깊이 믿고 있는 것과 행동을 일치시키는 노력도 필요하다. 이러한 진정성은 구성원들에 리더가 하는 말의 톤을 결정한다. 그 말의 진의를 파악하는 실질적인 근거가 되는 것이다.

한편, 신뢰와 진정성을 지키는 일은 반영 리더에게 꼭 필요한 덕목이지만, 그것을 실천하는 일은 더 어렵다. 다행스러운 것은, 퍼실리테이션은 신뢰와 진정성을 바탕에 두어야 하는데, 퍼실리테이션을 행하는 과정을 통해서 신뢰와 진정성을 높여가는 상호보완적 상승작용이 자연스럽게 이루어진다는 점이다.

퍼실리테이션의 기법과 도구, 절차, 질문 기술들의 적용은 리더로 하여금 신뢰와 진정성을 높이게 하는 좋은 수단이 되며, 동시에 신뢰와 진정성이 이러한 것을 제대로 사용하게 하는 기초가 된다.

반영조직은 구성원의 의지를 조직의 의사결정에 반영하여 이를 실현해 나가는 조직이다. 이 의지의 반영이 가능해지려면 리더가 구성원에게 진심으로 의지를 물을 수 있어야 하고, 구성원의 서로 다른 의지를 하나의 조직의 의지로 모아가는 역량을 보유하고 있어야 한다.

구성원의 의지를 묻고 들으려면 구성원에 대한 신뢰가 있어야 한다. 그리고 신뢰를 한다는 것은 스스로 위험을 부담하는 것이다. 그러므로 신뢰하기는 매우 어렵다.

신뢰를 가지고 있어도 실제로 구성원들로부터 의지를 꺼내어 말하게 하는 것 역시 쉽지 않다. 발언의 공포를 느끼지 않도록 안전한 환경을 제공할 줄 알아야 한다. 상황에 맞는 질문을 던지고 대답한 것을 잘 받아 적는 기술도 가지고 있어야 한다.

반영 리더는 의지를 꺼내놓을 줄 아는 것으로 그치지 않는다. 꺼내놓은 의견을 효과적으로 정리하고 탐색할 수 있도록 사고 프레임을 제시하고 구성원이 숙의에 이르도록 이끌 수 있어야 한다.

반영 회의의 마지막 단계는 다양하게 제시된 의견을 통합하여 효과적이고 실행 가능한 대안을 선택하고 결정하는 단계이다. 이때 어떤 의견은 선택에서 제외될 수 있고, 이는 그 의견을 낸 구성원에게 상처가 될 수 있다. 그리고 그 상처는 다음 회의에서 소극적인 행동을 하게 하는 원인으로 작용할 수 있다.

반영 리더는 이러한 점을 잘 알고 구성원이 제출한 어떤 의견도 가치 없이 탈락되지 않도록 돕는다. 구성원의 상호작용 속에서 의견이 개진되도록 하고, 한 의견이 다른 의견과 유기적으로 연결되어 있다는 점을 살피도록 도와준다. 논의가 진행되는 과정에서 개인이 제출한 의견이 그룹의 것이 되어가도록 상호연관성을 인식할 수 있는 절차를 마련하는 것도 필요하다.

이처럼 반영 리더가 신뢰, 중립, 진정성의 철학 위에서 다양한 도구와 기법을 활용하여 구성원의 정보와 정서를 처리하는 역량을 발휘할 때 조직은 일반조직에서 반영조직으로 변혁을 이루고 창의, 열정, 협력을 생산하는 고성과 조직이 탄생하게 된다. 그리고 개인은 그 속에서 높은 수준의 자유와 성취를 실현하게 된다.

재미가

노력을 이긴다

Chapter **7**

반영조직의

도입

이 장을

시작하며

일반조직에서 반영조직으로 거듭나기

일반조직이 어느 날 갑자기 반영조직이 될 수는 없다. 반영조직은 조직 안에 퍼실리테이터로서의 리더가 있어야 가능하며, 리더가 퍼실리테이션 역량을 갖추는 데는 상당한 시간이 필요하다. 따라서 초기에는 외부 전문가의 도움으로 임원진의 반영 회의를 개최하고, 점차 내부 리더가 주재하는 반영 회의로 이행해 가는 과정을 거치는 것이 자연스럽다. 이때 내부 퍼실리테이터의 양성이 절대적으로 필요하므로, 경영진부터 체계적인 교육을 이수하고 조직의 핵심 리더를 퍼실리테이터로 양성하는 전략을 수립한다.

선진국의 우수한 경영기법을 국내 조직에 들여왔음에도 불구하고 그 효과를 충분히 보지 못하고, 조직 내에 뿌리를 내리지 못한 이유는 바로 퍼실리테이터의 양성을 게을리 했기 때문이다. 우수한 경영기법 중 퍼실리테이션 역량을 필요로 하지 않는 것은 거의 없다.

리더들이 퍼실리테이터가 되어가는 과정은 다음과 같다: 첫째, 초기에는 외부 전문 퍼실리테이터가 진행하는 반영 회의에 참여하거나 참관한다. 둘째, 그 다음에는 보조 퍼실리테이터로서 실무 경험을 가진다. 셋째, 본격적으로 스스로의 책임 하에 진행하는 반영 회의를 시도해 간다.

이 과정은 통제조직의 색깔을 점점 약하게 하고 반영조직의 색깔을 점점 강하게 하는 점증적 모습을 띤다. 실제로는 조직의 크기와 문화에 따라 다양한 모양의 진전을 이루어가게 되겠지만, 편의상 변화 단계를 나누어 본다면 다음과 같은 3단계로 생각해 볼 수 있다.

제1단계는 반영조직 도입 단계로서, 반영조직으로의 전환을 위한 추진 의지를 명확히 하고 추진을 위한 기초 조사와 퍼실리테이터의 양성 등을 준비하는 단계이다. 외부 전문가의 도움으로 주요 반영 회의를 개최하면서 반영조직에 대한 기대감과 실현 의지를 전사적으로 강화해 가는 과정이다. 이 단계에서는 최고경영자와 임원 등 경영진이 우선하여 반영조직과 퍼실리테이션에 대한 체계적인 학습을 실천한다.

제2단계는 반영조직 추진 단계이다. 반영조직 기법에 따라 조직 내 의사 결정 과정을 변혁하고 이에 필요한 반영의 기술을 축적하는 단계이다. 많은 퍼실리테이터가 양성되고, 구성원들은 추진 과정에서 창의, 열정, 협력을 만들어낸다. 외부 전문가의 역할은 점점 줄어들고 내부 리더들의 퍼실리테이션 역량이 향상되어, 일상의 업무가 반영 회의를 통해 이루어지는 사례가 늘어나는 단계이다.

　제3단계는 반영조직 성숙 단계이다. 반영 회의가 효과적으로 작동하여 구성원들의 창의, 열정, 협력이 활발하게 창출되고, 자가 학습이 일어나서 외부 퍼실리테이터의 도움이 거의 없이 구성원의 의견 반영이 상존하게 되는 단계이다. 그 결과 조직의 창의, 열정, 협력이 최대한 확장되고, 구성원은 조직 안에서 자유와 성취를 극대화하는 자아실현을 경험하고, 조직은 최대의 성과를 내는 경험을 한다.

1단계
반영조직의 도입

029

구성원과 조직이 함께 상생한다

반영조직의 도입은 선택이지 필수가 아니다. 지금 경영하는 방식으로 조직이 잘 운영되고 있다면 굳이 반영조직에 관심을 가질 필요가 없다. 아마도 그것은 이미 반영조직일 가능성이 높다. 그러나 조직 구성원이 지금보다 더 자발적이고 더 주인의식을 갖고 더 창의적으로 일하기를 기대한다면 반영조직의 도입을 고려해 볼 필요가 있다.

반영조직은 구성원의 자유와 성취를 실현하도록 경영진이 도와주려는 마음에서 출발한다. 조직에서 보수를 받고 있으니 조직을 우선시하고 개인을 희생해야 한다고 주장하지 않는다. 오히려 개인의 자유와 성취를 보장하고, 이를 실현하기 위하여 조직이 존재하게 되었음을 인식한다.

'멸사봉공(滅私奉公)'에 대비되는 개념으로 '활사개공(活私開公)'이란 개념이 있다. '개인을 살려서 공공의 이익을 연다.'는 뜻이다. 멸사봉공이 개인의 사사로운 이익을 포기하고 희생하라는 혹은 대의를 위하여 소수의 의견을 포기하라는 메시지를 담고 있다면, 활사개공은 공적인 것의 근원을 사사로움에 두고, 오히려 그 사사로움을 활성화하여 공적인 것을 이루어 낼 수 있다는 철학을 제시하고 있다. 멸사봉공은 이미 성립된 공공의 권위에 대하여 복종하고, 사사로움이 이와 대립될 때에는 그 사사로움을 포기하는 것이 윤리라는 관점이다. 반면 활사개공은 공적인 것은 아직 정해진 것이 없으며 사사로움을 살리는 과정에서 공적인 권위가 형성된다는 관점을 지향한다.

멸사봉공은 그 주장이 기득권자 혹은 리더에게 용이하다. 그래서 이미 정한 법에 따르라거나 이미 만들어진 조직에 충성하라고 훈계나 정신교육을 시행한다. 그 효과는 의문이지만 이를 주장하는 근거를 발견하는 것은 어렵지 않다. 회사에서 월급을 받고 있으니 당연히 열심히 일해야 한다는 것이다.

반면 활사개공은 기득권자 혹은 리더에게 난해하다. 경험적으로 볼 때 이기적인 존재로 파악된 구성원들의 사사로움을 살려내는 것은 조직에 별 도움이 된다고 보기 어렵다. 업무를 알아서 하도록 했다가는 아무 일도 하지 않을 것 같고, 출퇴근 시간의 자유를 주었다가는 매일 출근을 하지 않고 놀기만 할 것 같아 매우 불안하다. 그리고 약간의 시도에서 그런 부정적인 사람들을 직접 보아왔기 때문에, 활사는 할 수 있지만 개공이 일어날지에 대해서는 매우 회의적이다.

한편, 멸사봉공은 리더 자신에게도 부담스러운 말이다. 나를 희생해야 한다니, 그러면 얼마나 나를 버리라는 말인가? 나도 실천하지 못하는 바를 구성원들에게 해내라고 요구할 수 있는가? 그리고 그렇게 희생하라고 하면 구성원들은 정말 그래야겠다며 멸사봉공을 실천할 것인가? 이것은 전통적으로 오랫동안 들어온 말이고 그래야 한다고 생각은 하지만, 실제로는 실천하기 어려우며 요구해도 잘 듣지 않는 방법론이다.

활사개공도 사실은 개인에게 부담스런 말이다. 자신의 사사로움을 추구하고 싶다는 점에서 와 닿긴 하지만, 모든 사람이 저마다 사사로움을 실현하려고 나선다면 그것들을 어떻게 감당해야 할지 막막해진다. 배가 산으로 가고 조직은 와해되고 마는 것이 아닐까 걱정이 앞선다.

반영조직은 이 사사로움을 적극적으로 반영하는 조직을 말한다. 놀랍게도 사(私)를 반영하면 공(公)은 저절로 열리게 되지만, 리더가 사사로움을 제지하면 공은 열리지 않는다. 리더가 구성원을 믿고 정말로 각자의 사사로움을 받아주려 한다면 구성원들은 스스로 공을 만들고 실천하게 될 것이며, 심지어 멸사봉공의 정신까지 발휘하게 된다.

이는 비전 경영에서 말하는 바, 개인의 비전과 조직의 비전을 일치시키는 것, 즉 '공유 비전(Shared Vision)'과 같다. 그리고 조직 구성원의 의견을 수렴하여 조직의 미션을 정의하는 것과도 같다. 이 과정에서 조직 구성원의 진심을 꺼내도록 돕고, 그 진심을 연결하고 통합하여 합의에 의한 비전과 미션을 정립한다면, 사람들은 그 비전과 미션을 받아들이고 내재화하여 자신의 규범으로 삼을 것이다. 사(私)로 시작했지만, 공(公)으로 마무리되고, 그렇게 만들어진 공은 스스로를 버릴 수 있는 힘을 갖게 된다.

반영조직이 이루어내는 이 놀라운 변화는 개인과 조직이 함께 성취해 가는 상생의 아름다움을 창출하게 된다.

2단계
반영조직의 추진

030

반영조직의 필수요소, 퍼실리테이터

리더가 갖추어야 하는 역량은 여러 가지가 있지만, 반영조직으로의 전환에 가장 필요로 하는 역량은 퍼실리테이션 역량이다. 일반조직이 반영조직으로 성장하려면 조직 내의 리더를 퍼실리테이터로 양성해야 한다. 퍼실리테이터는 구성원에 대해 긍정적 인간관을 갖고 신뢰하며, 중립을 지킬 줄 알고, 질문을 통해 아이디어를 도출하고 합의에 이르기까지 필요한 다양한 기법과 도구를 사용할 줄 아는 사람이다. 이런 사람을 양성하지 못하면 반영조직으로의 성장은 불가능하다. 외부 퍼실리테이터에 의존하여 반영조직으로의 전환을 시도할 수도 있겠지만 이에는 과도한 비용이 수반된다.

이는 리더십의 대전환을 의미한다. 최근 주목받고 있는 변혁적 리더십, 서번트 리더십, 진성 리더십, 영성 리더십은 모두 퍼실리테이션의 역량이 없이는 온전한 실현이 불가능한 것들이다.

부모는 자녀를 통제하고, 선생님은 학생을 통제하고, 상사는 부하 직원을 통제한다. 인간은 누구나 자유를 갈망하지만 부모, 선생님, 상사 등 권력자들은 피지배자의 자유를 제한하는 다양한 방법을 구사한다. 그렇게 통제하지 않으면 피지배자들이 행동을 제대로 하지 않을 것이라고 걱정하기 때문이다.

하지만 정작 자신들도 피지배자의 위치에 있으면 늘 자유를 갈망한다. 타인을 바라볼 때는 통제하지 않으면 제대로 행동하지 않을 것이라는 부정적 인간관을 가지고 있지만, 스스로의 입장에서는 자신을 통제하는 것 때문에 일을 제대로 할 수 없다고 호소하는 것이다. 자신의 상사로부터는 보다 많은 결정권을 달라고 요청하지만, 자신의 부하 직원에게는 더 많은 통제를 가하려는 이율배반을 안고 사는 것이 리더들이다. 그 이율배반이 일어나는 이유 중의 하나는 상대방에 대한 불신이고, 다른 하나는 통제 이외의 기술을 배우지 못했기 때문이다.

학자들의 연구는 신뢰가 사람을 성장시키고 성과를 만들어낸다고 밝히고 있다. 옛말에도 아이는 믿는 만큼 자란다는 말이 있다. 군인은 자신을 믿는 상관에게 목숨을 바친다고도 말한다. 한결같이 신뢰의 가치를 일컫는 말이다. 신뢰는 상대방이 잘 할 것이라고 예상하는 것이 아니라, 그가 한 일의 결과를 받아들이려는 각오이다. 그 결과가 훌륭하든 그렇지 않든 받아들이는 것이므로, 실패의 위험을 각오하고 상대방의 잘못을 감수하는 것이다. 참으로 신뢰는 어려운 일이 아닐 수 없다.

리더가 퍼실리테이터로서 구성원에게 중립을 지킨다는 것은 구성원이 어떤 결정을 내리든 그것을 받아들인다는 의미인데, 이것이 바로 신뢰와 같은 개념이다. 요즘같이 경쟁이 치열한 위험천만한 조직 환경에서 리더가 구성원의 실수와 잘못을 허용하고 감수한다는 것은 지극히 무모한 시도처럼 보인다. 그러나 곰곰이 생각해보면, 통제 위주의 관리방식이라고 해서 뛰어난 효과를 거두고 있다고 볼 수 없다. 매우 취약한 초보적 조직에서는 통제 위주의 접근법이 효과적일지 모르지만, 학력도 높고 사고력도 우수하며 높은 스펙을 자랑하는 구성원과 함께 일하는 조직에서 감시와 통제로 일관하는 방식은 분명 한계가 있다.

그렇게 하는 것은 조직 구성원들의 잠재력을 제대로 활용하고 있는 것이 아니다. 어려운 취업 장벽을 뚫고 조직에 들어간 우수한 인재들이 정작 취업 후에는 높은 이직률, 높은 이직 의도, 높은 스트레스, 낮은 사기, 낮은 몰입, 낮은 직무만족을 보이는 이유는 무엇인가? 그것은 구성원을 신뢰하지 않고, 자율이 없으며, 통제 속에 갇혀버린 조직 상황에 대한 반작용이다.

이처럼 통제조직이 반영조직으로 성장하려면 리더를 퍼실리테이터로 양성하는 것이 필수적이다. 퍼실리테이터와 일반 리더의 다른 가장 큰 차이점은 중립적인 자세로 구성원과 소통한다는 것이다. 퍼실리테이터는 자신의 의지를 의사결정에 반영하기보다 구성원들의 의지를 중립적으로 수렴하여 조직의 의사결정에 반영한다.

이는 리더가 구성원들을 신뢰할 때만 가능하다. 다시 말하면, 구성원이 잘못된 판단을 내리더라도 그 위험을 감수할 의지가 있을 때만 가능하다. 리더로서 퍼실리테이터는 구성원들이 주어진 사안에 대하여 최상의 깊은 사고를 할 수 있도록 질문하고, 구성원들이 발언한 것을 잘 보이도록 적는다. 그리고 구성원들이 마음 편하게 말할 수 있도록 중립을 지킨다. 한 구성원이 바보같이 보이는 의견을 말할 때도 그 의견을 비판하지 않고 그대로 기록하고, 그 의견의 숨은 배경을 물어본다. 바보 같다고 생각되는 의견을 리더가 내치지 않고 받아 적는 것은 구성원이 무엇인가를 잘못하더라도 그것을 받아들이는 신뢰의 행동이 된다.

누가 퍼실리테이터가 될 것인가

일반 리더를 퍼실리테이터로 양성하는 일은 쉽지 않다. 특히 과거의 많은 부정적 경험을 통해서 구성원에 대한 불신이 가득한 리더들을 바꾸는 것은 매우 어렵다. 그 리더들이 가지고 있는 뿌리 깊은 신념을 바꾸지 않는다면 말이다. 어떻게 하면 그 신념을 바꿀 수 있는가? 그것은 인간에 대한 깊은 성찰을 통해 이루어질 수 있다.

어쩌면 지극히 간단한 성찰의 결과로 가능해질 수도 있다. 우선 다음과 같은 질문을 자기 자신에게 해 보라.

+ 나는 기본적으로 좋은 사람인가?
+ 나는 기본적으로 유능한 사람인가?
+ 나는 조직이 발전하는 것을 희망하는가?
+ 나는 때론 열심히 일하고 싶은가?
+ 나는 때론 일을 최고로 잘 해보고 싶은가?

만약 리더인 당신이 이 질문들에 "예"라고 대답할 수 있다면, 다른 구성원들도 마찬가지일 것이다. 사람에게는 분명 선의가 있고, 그만한 잠재력이 있고, 양심이 있다. 그러므로 구성원은 분명 잘할 수 있다. 문제는 구성원에게 있는 것이 아니라, 단지 리더의 마음가짐에 있는 오해일 뿐이다.

인간은 천사와 악마의 양면성을 모두 지니고 있다. 성선설의 요소도 성악설의 요소도 모두 지니고 있다. 물이 절반 담겨 있는 잔처럼, 어떤 관점으로 보느냐에 따라 긍정적일 수도 부정적일 수도 있다. 따라서 이것은 인간이 어떤 존재인가라는 본질의 문제가 아니라, 내가 인간을 어떤 존재로 바라보느냐의 문제이다. 즉, 자신의 인간관의 문제인 것이다.

퍼실리테이터가 갖추어야 할 기술

구성원을 신뢰하려는 마음을 가지는 것은 퍼실리테이터가 되는 출발점이다. 인간관을 바로잡았다면, 그 다음 문제는 '기술'이다. 구성원의 아이디어와 의지를 도출하고 합의를 통하여 결론에 도달하게 하는 '기술'이 없다면 반영조직의 퍼실리테이터가 될 수 없다.

퍼실리테이터에게 필요한 기술에는 다음과 같은 것들이 있다.

+ 회의를 설계하는 기술
+ 질문하는 기술
+ 경청하는 기술
+ 참여자와 교감하는 기술

- 기록하고 시각화하는 기술

- 참여의 에너지를 높이고 유지하는 기술

- 회의의 속도를 조절하는 기술

- 목적을 향해 가도록 안내하는 기술

- 참여자의 잠재력을 끌어내는 기술

- 다양한 개념 도구를 적용하는 기술

- 참여자 간의 갈등을 해결하고 합의에 도달하게 하는 기술

- 참여자의 역동을 조절하는 기술

- 특이한 참여자를 다루는 기술

이 책에서는 이 기술들을 자세히 다루지 않았다. 이 기술들은 단지 독서를 통해서 얻을 수 있는 것도 아니다. 오히려 반복적인 실행의 경험을 통해서 얻을 수 있다. 선진국의 경우, 이러한 기술은 부모와 선생님 그리고 상사에게서 기본부터 차근차근 습득한다. 그러나 권위주의적 문화가 강한 우리나라에서는 그 반대편에 있는 지시, 질책, 훈계, 비난 등의 기술을 자연스럽게 습득하는 편이다.

조직 내 퍼실리테이션 확산을 위한 노력

구성원의 목소리가 조직을 움직이는 힘이 되기 위해서는 이를 담아내는 기술을 보유한 리더의 양성이 필수적이다. 순차적으로 다음의 과정을 거쳐 제대로 된 퍼실리테이터를 양성하고 조직 내 퍼실리테이션을 확산해 갈 수 있다.

먼저, 경영진이 조직의 효과성을 높이기 위하여 지금 시도하고 있는 방법이 잘 작동하고 있는지 진지하게 점검한다. 조직이 효과적으로 작동하고 있다면 현재 하고 있는 경영방식을 그대로 따르면 된다. 하지만 개선의 여지가 있다고 생각한다면 반영조직으로의 전환을 고려해봐야 한다. 새로운 전략, 신제품, 새로운 서비스, 혁신 등 창의적 결과가 필요한 경우, 구성원들이 직무에 열정을 가지고 몰입하기를 원하는 경우, 업무추진 시 부서 간, 직원 간의 협력이 잘 일어나고 전사 차원에서 일하기를 희망하는 경우라면 새로운 접근 방법을 시도해봐야 할 상황이다.

최고경영자가 지금보다 조직의 효과성을 높이려는 진정한 의지를 갖춘다. 조직의 효과성을 높이고자 하는 조직 개발은 전사 차원의 시도가 이루어져야 성공한다. 그러므로 최고경영자의 인식 전환이 없이는 조직 개발이 성공을 거둘 수 없다. 최고경영자는 자신의 입지를 확보하려는 사심이 아닌, 진정으로 조직의 효과성을 높이려는 의지를 가져야만 한다. 위선은 드러나기 마련이고, 구성원들을 진심으로 움직이게 할 수 없다. 진정으로 조직을 훌륭하게 만들려는 마음이 반영조직을 이끄는 힘이 되는 것이다.

최고경영자의 인간관을 점검한다. 그 인간관을 형성하게 된 경험과 증거들을 확인한다. 반영조직의 본질은 긍정적 인간관에 있다. 그러므로 최고경영자가 긍정적 인간관을 가지지 않고 반영조직의 형식만을 들여오려 한다면 그 시도는 실패하게 된다. 최고경영자의 인간관을 점검하여, 그 마음 깊은 곳에 부정적 인간관이 크게 자리 잡고 있는 것을 발견한다면, 그 신념을 갖게 된 경험과 근거를 확인해봐야 한다. 만약 확고하여 신념을 바꿀 여지가 없는 경우라면 반영조직으로의 전환은 사실상 어렵게 된다. 부정적 인간관이 크게 자리 잡고 있는 경우, 최고경영자는 부정적 인간을 효과적으로 통제하는 수단을 작동시키게 될 것이고, 이는 반영조직의 방법론과는 대치되기 때문이다.

조금만 주변을 돌아보면 인간의 긍정적인 면은 무수히 많고 긍정적 인간관을 바탕에 두어 성공한 기업도 많다는 것을 알 수 있다. 그리고 그 성공한 기업의 내면에 반영이 존재하고 있음도 확인할 수 있게 된다.

긍정적 인간의 증거들을 찾아 확인하고, 긍정적 인간관으로 관점을 전환한다. 인간은 양면성을 지니고 있고 인간에 대한 관점은 그 둘 중 어느쪽에 중점을 두고 보느냐에 달려있기 때문에, 인간관의 변화는 언제든 가능하다. 부정적 인간관을 가지고 있는 리더들도 마음 한 곳에는 긍정적 인간관이 자리 잡고 있다. 그리고 세상에는 긍정적 인간관으로 행해진 수많은 성공 사례들이 있다. 우수 기업의 사례도 많이 있다. 많은 위대한 리더와 스승들은 긍정적 인간관에 그 기초를 두고 있다. 다행스러운 것은 관점의 전환은 마음먹기에 달린 것이어서 물리적 시간과 비용을 수반하지 않는다는 것이다.

전문 퍼실리테이터의 도움으로 임원과 구성원의 의견을 반영하는 전략회의를 개최한다. 성찰과 사고를 통하여 신념을 바꿀 수도 있지만, 사람들은 주로 직접 경험함으로써 신념을 형성한다. 참여자들이 말을 잘하고, 좋은 아이디어가 있고, 합의에 도달할 수 있다는 것을 직접 몸으로 체험한다면 리더는 퍼실리테이터로의 변신에 대한 의지가 높아지게 된다.

그렇게 되면 첫 번째 시도로 임원과 구성원들이 함께 참여하는 회의에 퍼실리테이션을 도입해 본다. 이때 최고경영자가 퍼실리테이션의 역량을 이미 갖추고 있다면 외부 전문가의 도움이 필요 없다. 만약 그렇지 않다면 전문 퍼실리테이터를 초빙하여 전략 수립과 같은 회사의 중요한 안건에 대하여 반영 회의를 개최해 볼 일이다. 그렇게 하면, 임원들이 얼마나 말을 잘하는지, 구성원들이 얼마나 많은 생각을 하고 있었는지, 얼마나 조직을 사랑하고 있었는지, 숨어있던 이슈가 무엇이었는지, 그리고 어떻게 합의가 일어나는지를 알 수 있게 된다.

이는 최고경영자와 임원들이 구성원에 대하여 바라보고 있던 많은 부정적이고 통제적인 관점들을 새롭게 바꿔주는 계기를 마련해 준다. 게다가 반영 회의의 결과 좋은 전략까지 얻게 되고, 임원들이 그 전략에 대하여 열정을 느끼고 협력하게 되는 실질적인 효과를 보게 된다. 전략회의에 참여했던 구성원들은 임원들과 동등한 입장에서 회사를 걱정하고 자신의 의견이 전략에 반영된 것에 대하여 자부심과 보람을 느끼게 된다. 다만 회사의 문화나 풍토상 처음부터 전략 수립에 구성원을 참여시키는 것이 어렵다면, 효과의 한계를 감수하더라도 임원들만 참여한 채 전략을 수립하는 방안도 도입할 수 있다.

조직의 분위기가 위에서 아래로 흐르는 것이 일반적이므로 임원회의부터 반영 회의로 운영하는 것이 바람직하다. 그러나 보안의 이슈가 있거나, 어색함을 감당하기 어려운 경우에는 팀장회의를 먼저 시도하는 방법을 사용해도 좋다.

전문 퍼실리테이터의 도움으로 팀장의 의견을 반영하는 팀장 회의를 개최한다. 전략 수립에 있어 임원과 구성원들의 의견을 반영하는 반영 회의를 성공적으로 개최하고 나면 그 전략을 실천할 과제를 발굴하기 위한 반영 회의를 팀장들과 함께 개최할 수 있다. 또는 팀 간의 업무 협력 방안을 주제로 삼는 것도 바람직하다.

그렇게 하면 최고경영자와 임원들이 직접 반영 회의를 통하여 인간의 새로운 모습을 확인하고 퍼실리테이션의 효과를 직접 체험했던 것과 같이, 팀장들도 이와 같은 경험을 하게 된다. 팀장들은 이 반영 회의를 통하여 훌륭한 과제를 발굴하거나 협력 방안을 도출할 뿐만 아니라, 퍼실리테이션의 가능성과 이를 리더의 주된 방법론으로 습득해야겠다는 의지를 갖게 된다.

팀장급까지 퍼실리테이션 종합교육을 이수하는 것이 필요하다. 퍼실리테이션 역시 지식, 기술, 태도를 포함하는 역량이므로, 독서나 참관만으로 온전하게 익히기는 어렵다. 반영 회의를 성공적으로 이끄는 데 필요한 수많은 요소들을 지식으로 알아야 할 뿐만 아니라, 실제로 회의 장면에서 발생하는 여러 가지 변수를 다루는 기술을 보유해야 한다. 그리고 인간은 기본적으로 현명하고 무엇인가 잘 해보려 한다는 인간관, 신뢰, 진정성, 중립성과 같은 퍼실리테이터의 올바른 태도와 철학을 갖는 것이 중요하다. 변호사나 의사와 같은 전문가가 체계적인 종합 교육을 통해서 양성되듯이, 퍼실리테이터 역시 그러한 과정을 필요로 한다.

　퍼실리테이션 종합교육은 반영 회의가 일반 회의와 다른 커다란 성과를 낼 수 있었던 요인들에 대하여 그 원리를 알게 한다. 아울러 회의가 효과적으로 작동하는데 활용하게 되는 다양한 도구와 기법을 배우고 실습하는 과정이다.

　구성원들은 최고경영자, 임원, 팀장으로부터 퍼실리테이션을 자연스럽게 배운다. 조직 내에 훌륭한 퍼실리테이터가 있다면 사람들은 그를 통해서 퍼실리테이션을 자연스럽게 배운다. 이는 마치 부모로부터 언어를 습득하는 것과 같을 것이다. 하지만 언어를 습득한다 하더라도 말과 글을 더 잘 사용하려면 추가적인 체계적 학습이 필요한 것처럼, 구성원들의 퍼실리테이션 역량도 체계적으로 개발하여 더 효과적인 반영조직을 만들 수 있다. 그렇게 반영은 조직의 문화가 되어간다.

3단계
반영조직의 성숙

031

　　구성원이 자율과 결정의 권한을 발휘하는 조직은 반영 회의를 통하여 구성원의 의견이 충분히 반영되고, 늘 학습이 일어나며, 그 결과로 창의, 열정, 협력이 활발하게 창출되는 조직이다. 조직 내의 모든 회의가 반영 회의로 이루어지며 이를 주재할 수 있는 퍼실리테이터가 충분히 양성되어 있는 조직이다. 리더의 역할로서 퍼실리테이션이 당연한 것으로 받아들여지며 높은 지위에 오를수록 퍼실리테이션 역량이 더욱 성숙해진다.

　　모든 구성원은 의사결정의 주체이고 현명한 결정을 위하여 학습한다. 일과 학습이 분리되어 있지 않고, 개인의 목적과 조직의 목적이 잘 일치되어 있다. 구성원들은 자신의 자유와 성취를 조직 안에서 상당 부분 성취한다. 그러므로 조직에 대하여 높은 충성심, 자부심, 주인의식을 가진다.

　　비전, 전략, 성과, 업무분장, 신제품 개발, 신사업 개발 등에 구성원들의 의견이 반영되었기 때문에 그 결과와 성취는 구성원의 결과이며 성취가 된다. 그리고 이러한 반영 회의에의 참여 과정을 통하여 조직의 시스템을 명확하게 파악하게 되고 어떤 원인이 어떤 결과로 이어지게 되는지 시스템 사고를 하게 된다. 이러한 조직 시스템에 대한 이해는 구성원 개개인에게 잘 공유되어 있으므로 다른 구성원과 다른 부서의 일에 대하여 이해하고 존중하게 된다. 따라서 조직 내의 갈등이 줄고 협력이 늘어난다.

반영 회의에서 구성원들은 늘 질문을 받고 자기 생각을 펼칠 수 있으므로 더 깊이 사고하고 더 넓게 사안을 바라보게 된다. 또한 그러한 생각을 다른 구성원들과 나누고 섞어가는 과정에서 창의적인 새로운 의견들이 나타나고, 이러한 창의적인 생각은 다른 구성원들에게 자연스럽게 받아들여지고 실제 실행으로 이어지게 된다.

반영조직에서 구성원들이 열정을 갖는 것은 당연한 귀결이다. 구성원들은 자신들의 의견이 제시되고, 논의되고, 반영되고, 실현되는 경험을 조직에서 갖게 된다. 이를 통해 조직은 성취감의 원천이 되고 자아를 실현하는 장이 된다. 자유와 성취가 실현되면서 생겨나는 만족과 성취감은 열정을 만든다. 반영 회의를 통하여 일이 어떻게 이루어지는지를 알게 되는 즐거움도 열정을 더한다. 그리고 그 자유와 성취가 자주 일어나면 일은 비로소 놀이로 바뀐다.

반영이 이것을 이루어낼 수 있고, 모든 구성원과 리더는 이에 대한 충분한 가능성이 있음을 확인하였다. 이제 구성원이 세상의 변화를 가져오는 결정을 하는 일만 남았을 뿐이다.

맺음말

이 책은 복잡하게 얽혀있는 조직의 문제를 반영이라는 관점으로 단순화하여 바라볼 수 있도록 시도하였다. 수많은 경영개선과 조직문화 발전을 위한 시도의 중심에 반영을 가져다 놓을 것을 제안하였다. 그리고 그 반영은 인간의 기본적인 욕구인 자유와 성취를 실현하는 핵심이어서 개인과 조직 모두에게 도움이 되는 원원의 방법론임을 설명하였다.

사람을 위하는 척하는 것으로 선진국이 될 수는 없다. 위하는 척하는 나라는 이미 선진국이 아니다. 인본이라는 장기적 가치를 희생하면서 분기 매출이라는 단기적 가치를 추구하는 방식은 지속 가능하지 않다. 진정으로 옳다고 생각하는 일을 포기하고 당장 눈앞의 손실을 감수하지 못하는 방식은 지속 가능하지 않다. 일정 기간 지속된다고 하더라도 그것은 결국 구성원의 고통과 희생의 산물일 뿐이다. 당장 그럴듯해 보이는 대중적 처방의 요령주의로 성숙한 조직과 성숙한 나라가 만들어지지는 않는다.

서로의 의지와 희망을 진정으로 묻고 그것을 실현해갈 수 있도록 진정으로 돕는 조직이 많아질 때 조직과 사회가 성숙해진다. 반영조직은 그것을 실현하는 조직에 붙여진 이름이다. 그리고 이를 향해 실현해갈 수 있도록 실현의 방법론을 정리해본 것이다.

　인류는 개인이나 조직 할 것 없이 오랜 시간 동안, 의식주, 안전, 질병, 오락, 만족, 행복 등 인간의 많은 문제를 해결하기 위해 끊임없는 노력을 기울여왔다. 때로는 경쟁과 승리를 통해, 때로는 협력과 화해를 통해 문제를 해결했다.

　한정된 자원을 활용하여 문제를 해결해 나가야 하는 인간은 타인과의 관계에서 대립과 갈등을 겪을 수밖에 없는 것이 일반적이다. 하지만 그 대립과 갈등은 승패의 방식만이 아니라 승승의 방법으로도 해결할 수 있다. 반영조직은 바로 그 승승의 방법을 조직에 도입한 모습이다.

　조직을 좀 더 큰 틀에서 바라보면, 한 조직을 둘러싼 여러 외부 관련 조직과 외부 관계인들이 보인다. 반영조직의 구성원들은 조직 내부뿐만 아니라 조직 외부의 사람들에 관심을 가질 가능성이 크다. 그것이 인간의 본성이기 때문이다. 그리고 그 외부 조직과 외부 관계인들은 자신의 조직과 지속 가능한 관계를 유지하면서 성장한다는 것을 파악할 것이다. 그 외부 조직과의 관계 역시 대립과 갈등이 아닌 협력과 화해의 관점에서 바라볼 가능성이 많다. 예를 들면, 공급자에게는 적정한 가격을 보장해주는 노력을 기울이고, 소비자에게는 가격보다 높은 가치를 제공해주려는 끊임없는 노력이 바로 협력과 상생의 모습이다.

　한 조직이 자기 조직의 공급자를 우대하는 노력을 기울일 때 그 조직의 구성원들은 커다란 자부심을 느끼게 될 것이다. 다른 조직에 위해를 가하는 조직에서 자부심을 느낄 구성원은 없기 때문이다. 그러므로 다른 조직을 돕는 일마저 잘 해내려는 노력도 자발적으로 자라날 것이다. 그렇게 사는 삶은 윤리적으로도 바람직하고, 그것은 자아실현으로 이어질 가능성도 높다. 공급자뿐만 아니라 소비자에게 높은 가치를 제공하려는 노력도 마찬가지다. 제공하는 가치가 낮은데도 높은 가격을 받기 위하여 과장하고 허위 사실을 말하는 일은 구성원들이 바라는 바가 아닐 것이다. 높은 가치를 창출하기 위하여 노력하고, 그 가치를 제대로 알려 그에 상응하는 가격을 받는 일은 자부심과 보람을 느끼게 하는 일이 된다. 경쟁사와도 공정한 선의의 경쟁을 벌이되, 그것이 상대방을 쓰러뜨리기 위한 것이 아니라 보다 좋은 가치를 창출하기 위한 것이라면 그 과정은 재미와 보람을 동반하게 될 것이다.

사람들은 기본적으로 자신의 외부 세계에 긍정적인 이바지를 하고 싶어 한다. 이는 식욕과 같은 매우 보편적인 욕구이다. 물론 그중에는 보편적이지 않은 사람들도 있다. 거식증처럼 특이한 경우가 있듯이, 외부 세계에 파괴적인 사람들도 있다. 그러나 그들은 먼저 다른 사람에 의하여 심한 공격을 받았기 때문에 그러한 반작용을 보이는 것일 수도 있다. 분명한 것은 인간은 혼자서는 도저히 살아갈 수 없는 나약한 존재이므로 필연적으로 협력을 추구한다는 것이다.

바로 그러한 협력을 최대한 달성하는 조직이 반영조직이다. 그리고 그 협력은 구성원의 자유와 성취를 최대한 보장하는 데서 비롯된다. 놀랍게도 그 자유와 성취를 최대한 보장해 주면, 그 구성원들은 조직에 가장 효과적인 최대의 기여 방안을 찾아내 줄 것이다. 게다가 자기 조직을 둘러싼 다른 조직과 사회에도 높은 기여를 하는 조직을 만들어갈 것이다. 이

것이 바로 마이클 포터(Michael Porter)와 마크 크레이머(Mark Kramer)가 주창한 '공유가치창출(CSV, Creating Shared Value)'이다. 조직이 공유가치를 창출하면 구성원은 그 조직을 통해서 자아를 실현해 나갈 것이며, 구성원과 조직과 사회가 함께 상생을 실현할 수 있을 것이다.

그리고 그 과정의 핵심은 바로 구성원의 의지를 조직의 의사결정에 반영하는 것이다.

부록

반영 회의의 기본틀 – PASAQADE

반영조직은 반영 회의에 의하여 만들어진다. 반영 회의는 회의 목적에 따라 다양한 절차로 운영될 수 있지만, 여러 절차를 종합해 보면 8단계의 일반 절차로 이루어진다. 이 절차의 머리글자를 따서 'PASAQADE 모델'이라 부르며, 이 일반 절차는 반영 회의를 설계하는 데 유용한 안내자가 된다.

1. 목적 Purpose

구성원의 의지를 반영하는 방식은 대체로 회의를 통해서 이루어지며 회의를 성공적으로 개최하려면 우선 회의의 목적을 명확하게 해야 한다.

회의의 목적이 무엇인지 명확하게 확인되고 선언되지 않은 상황에서 회의를 하면, 의견들도 체계적으로 제시되지 못하고 회의의 진전을 이루는 데 어려움만 겪게 된다. 그런 경우 회의에 참여한 구성원들은 발언을 해도 쓸모없게 될 것이라 생각하면서 회의에 몰입하지 않고 빨리 끝나기

208

만을 기다리게 된다. 회의의 목적은 상황에 따라 리더가 정할 수도 있고, 구성원에게 물어서 정할 수도 있다. 그리고 회의를 시작할 때 그 정해진 목적을 선언하고 또 이를 잘 보이도록 게시하여, 회의가 진행되는 내내 회의 참여자들이 쉽게 확인할 수 있도록 해두는 것이 좋다.

2. 조성 Acclimatize

인간은 자신의 행동 하나하나를 행함에 있어 그것과 결부된 여러 가지 비용과 효과를 생각하고, 가장 효과가 높다고 생각하는 것을 선택하게 된다. 때로는 곰곰이 분석적으로 생각하여 선택하고, 때로는 즉각적이고 직관적으로 선택한다. 회의에 참석할 것인지 말 것인지, 그리고 참석한다면 적극적으로 참여할 것인지 방관적 자세로 참석할 것인지를 선택하는 경우도 마찬가지다. 그러므로 리더는 구성원으로 하여금 적극적으로 회의에 참여할 만한 가치를 느끼도록 해주는 것이 필수적이다. 구성원의 행동을 가치 있게 만드는 환경의 조성은 회의의 기획 단계뿐만 아니라 회의가 진행되는 순간에도 계속되어야 한다.

사람들은 누구나 존중받고 인정받기를 원한다. 사람들은 기본적으로 자신들이 최고라고 생각하며, 주어진 일을 잘해내기 위한 나름의 방법을 가지고 있다. 또한 그것을 타인에게 알리고 주장하고 싶어 한다. 그러므로 리더는 그들의 생각이 널리 알려지고 채택될 가능성이 있음을 주지시켜, 구성원들이 회의에 참여할 에너지를 끊임없이 불어 넣어 주어야 한다. 예를 들면, 장소가 주는 기운과 에너지를 고려한 회의 장소의 선택과 인원 및 좌석 배치, 참여 에너지를 북돋우는 장식 등은 구성원들이 자신들의 의지와 의견이 매우 중요하다고 느낄 수 있게 하는 중요한 요소이다.

3. 표출 Surface

이것은 참여자의 머릿속에 있는 생각과 아이디어를 밖으로 꺼내는 과정이다. 회의의 목적이 정해지고 회의에 열심히 참여해 보자는 분위기가 조성되었다면, 이제 그 목적을 달성하기 위해 참여자들의 의견을 드러내도록 하는 것이 표출 과정이다.

많은 사람들은 브레인스토밍을 해도 아이디어가 나오지 않는다고 호소한다. 그러나 그것은 제대로 된 브레인스토밍을 시행하지 않았거나, 의견이 반영되고 있지 않아 참여자들이 발언의 가치를 느끼지 못했기 때문이다. 따라서 리더는 '발언의 공포'를 제거하고 안전한 발언 환경을 조성함으로써 자유로운 토론의 장이 될 수 있는 분위기를 조성해 주어야 한다. 또한 다양한 구성원이 모인 만큼, 다양한 방식을 사용하여 각자가 익숙한 표현 방법을 통해 보다 쉽게 의견을 표출하도록 돕고, 새로운 분위기를 환기시키는 것 역시 중요한 일이다.

또 하나 중요한 것은 잠재된 사고의 표출이다. 아이디어를 내는 단계에서 초반의 결과는 그리 탁월하지 않은 경우가 대부분이다. 구성원들은 추상적이고 피상적이며 일상적인 의견을 제시하거나 때론 지나치게 엉뚱한 의견을 제시하곤 하는데, 이러한 의견을 들은 리더들은 듣는 자세를 포기하고 훈계하고자 하는 충동을 갖게 된다. 반영 리더는 이 과정의 심리적 고난을 극복할 수 있는 사람이다. 구성원들이 깊은 사고의 바다에 빠져들어 가는 데 걸리는 일정한 절차와 시간을 인내하면서, 적절한 발언과 도구를 제시하며 돕는 사람이다.

4. 정렬 Arrange

구성원으로부터 도출된 의견이나 아이디어는 전체 내용을 쉽게 파악할 수 있도록 잘 정리하는 것이 바람직하다.

참여자의 초기 생각은 정연하게 조직화되어 있거나 체계화되어 있지 못한 것이 일반적이다. 리더는 일정한 구조와 개념 틀을 제시함으로써, 참여자들로부터 표출된 생각을 일목요연하게 정리해 과정을 돕는 것이 필요하다. 또한 구성원마다 달리 인식하고 있는 것을 밖으로 표현하도록 하여, 서로의 인식 수준을 공유하고 합의해 가는 과정을 도와주어야 한다. 이때 사용하는 정렬의 형식에는 나무 구조, 복잡계를 표현하는 연관도 구조, 업무 처리 절차를 표현하는 절차도 구도, 비슷한 것끼리 묶어내는 친화도 구조 등이 있다.

5. 탐색 Quest

인간은 완벽하지 않다. 따라서 그룹이 표출한 아이디어도, 더 나아가 이를 기초로 정렬할 결과물도 완벽할 수는 없다. 표출된 아이디어를 정리하는 이유는 현명한 결정을 내리는 데 충분한 정보를 가지고 있는지 체계적으로 검토할 수 있게 하기 위해서이다. 정렬 그 자체가 목적이 아니라, 정렬을 통해 사고의 신중과 정확성을 기하고 논의의 속도를 빠르게 하는 데 목적이 있는 것이다.

따라서 정렬을 통해 일목요연하게 정보가 체계화되면, 리더는 이를 기반으로 합리적인 선택을 할 수 있도록 도와주어야 하는데, 이때 추가로 고려해야 할 사항들은 없는지 질문과 도구들을 활용하여 그 탐색을 도와 주어야 한다. 누락된 정보를 확인하고, 인관관계를 확인하며, 또한 어떤 의견이나 주장에 숨어있는 전제와 가정을 탐색하여 타인들이 왜 그런 생각을 갖게 되었는지를 드러내고 공유할 수 있도록 도와준다.

이 탐색의 과정은 구성원들이 평소 생각하고 있던 표면적 사고에 머무르지 않고, 더 깊고 넓게 사고하여 숙의와 시스템 사고와 분석적 통합적 사고를 가능하도록 해준다. 그 결과 이견을 이해하고 합의에 다다를 수 있는 공통점과 연결점을 찾게 된다.

6. 평가 Assess

구성원의 이슈 제기에 기초하여 목적을 확정하고, 그 목적의 달성을 위한 아이디어를 내고, 이를 잘 정리하여 상호연관성을 검토한 후 추가적인 탐색을 통해 구성원의 의견을 보완하며 충분히 확인하는 과정을 거쳤다면, 이제 남은 것은 최종 결정을 위한 평가의 단계이다.

평가는 선택의 직전 단계이고, 선택은 곧 의사결정을 말하는 것이다. 그러므로 평가와 결정의 단계는 실제 워크숍 상황에서는 시간적으로 결합되어 있다. 하지만 PASAQADE 모델에서는 이를 분리하여, 결정을 내리기 전 평가의 과정이 개념적으로 앞서 있음을 나타내고 있다.

의견을 내는 확산 과정은 비교적 용이하다. 비용 등 제약 조건에 대해서는 생각하지 않고 실현 가능성에 대해서만 자유롭게 의견을 개진하기 때문이다. 그러나 마지막 결정 단계에 다가가면서, 최종 선택에 필요한 면밀한 평가를 해내지 않으면 현명한 결정을 만들어낼 수가 없고, 많은 에너지와 자원을 투입한 워크숍의 결과가 무용지물이 될 수 있다.

평가는 몇 단계에 걸쳐 진행될 수 있는데, 이때 중요한 것은 대안과 평가 기준이다. 평가 기준을 세분화하면 보다 분석적이고 정확도가 높아질 것 같지만, 사실은 그렇지 않다. 세분화한다고 해도 세분화된 지표에 대하여 객관적인 계량화가 모두 가능하다는 의미는 아니며, 여러 지표를 종합할 때 어떻게 가중치를 부여하여 판정해야 하는지도 매우 어려운 문제이다. 또한 평가 기준을 세분화하면 할수록 평가하는 데 들어가는 시간과 비용은 늘어나게 된다. 그러므로 많은 대안에서 결선에 오를 대안을 선정하는 과정의 평가는 매우 직관적이고 통합적인 기준에 의해서 하는 것이 좋다.

7. 결정 Decide

평가의 결과는 최종 결정으로 이어진다. 사람들은 어떤 행동을 취하기 전에 결정의 단계를 거친다. 그러므로 효과적인 행동을 하기 위해서는 현명한 결정이 선행되어야 한다. 현명한 결정은 숙의의 결과이며, 숙의가 가능해지는 것은 숙의 과정에서 소요되는 시간을 단축시킬 수 있는 도구와 기술을 갖고 있기 때문이다.

결정의 형태, 즉 결과물은 회의의 목적에 따라 다양하여 수치, 어휘, 문장, 그림, 목록, 표, 보고서, 계획서 등으로 만들어진다. 이는 결선 후보 중에서 고를 수도 있고, 결선 의견들을 결합하여 새로운 결과물로 만들어낼 수도 있다.

결정 방식은 반영조직의 핵심을 이룬다. 소통은 의견을 반영할 때 이루어지고, 반영한다는 것은 그 의견이 결정에 영향을 미치는 것을 말하기 때문이다. 따라서 반영조직의 결정 방식은 합의 또는 만장일치이다. 모든 사안을 합의로 결정할 수는 없겠지만, 중요한 사안은 반드시 합의 방식을 택해야 한다. 합의만이 모든 구성원의 의견을 반영하는 방식이기 때문이다. 여기서 중요한 사안이란 '구성원들이 실행에 협력해야 추진이 되는 사안'을 말한다.

단독 결정이나 다수결은 다수의 의견 또는 소수의 의견이 결정에 반영되지 않는 것을 의미하므로, 반영조직의 주된 의사결정 방식이라 할 수 없다. 합의를 이룬다는 것이 비록 익숙하지 않고 시간도 많이 걸리는 것 같지만, 처음부터 합의를 전제하여 회의를 진행하고, 결정 단계에 이르는 과정을 잘 수행한다면 생각보다 빨리 합의에 도달하는 경험을 하게 될 것이다. 그리고 이러한 경험을 여러 차례 하고 나면 자신감도 생기고 익숙해져서 더 빠른 합의를 이루어 낼 수 있다. 또한 합의를 이룬다는 것은 결정 사항을 효과적으로 수행한다는 것이기에, 결정 사항을 실행하여 완결하는 시간까지를 감안하면 합의에 도달하기 위해 투입한 시간은 사실상 절약된 시간인 셈이다.

합의에 도달하는 일반적인 방법은 최종 결정안에 대하여 갖고 있는 구성원의 우려를 듣고, 그 우려를 해소하는 방법을 최종안에 담아내는 것이다. 어떤 결정이든 그 결정에는 세부 사항이 존재한다. 이러한 세부 사항은 회의가 진행되는 동안 대부분 다루어졌겠지만, 다루어지지 못한 부분이 있는 경우 이를 미처 확인하지 못하여 최종안에 반대하게 될 수도 있다. 이때 리더는 최종안에 대한 반대자의 우려를 확인하고, 그것을 해결할 방법을 제시하게 한다. 그러면 그 반대자도 최종안에 찬성하고 협력하게 된다. 이때 반대자는 마지막에 발목을 잡는 사람이 아니라, 잘못된 결정으로 인하여 실행 상에 문제가 될 것을 미리 확인하여 치유하는 사람이 되는 것이다.

8. 실행 Execute

결정은 내리는 이유는 실행하기 위해서다. 반영조직은 의사결정 과정에 구성원들의 의견을 적극적으로 반영한다. 이로써 결과에 대한 주인의식이 생기게 되며, 변화된 최근의 상황과 제약조건을 다양하고 깊게 고려하여 타당성이 최적화된 결과를 내놓음으로써 높은 실행력이 생기게 된다.

합의에 의한 결정을 한 경우에도 결정 이후, 후속 조치가 체계적으로 이루어지지 않으면 결정에 이르기까지의 열정이 식게 되고, 이로 인하여 실행 동력을 잃게 되는 수가 있다. 따라서 결정 즉시 실행 책임자 또는 업무 담당자를 선정하고 실행 계획을 수립하여 추진하는 것이 필요하다. 이때 실행 책임자는 철저하게 자발성에 기초하여 선정하는 것이 중요하다. 보통은 실행 책임자를 지정하는 업무 분장의 순간이 오면 서로 일을 떠맡지 않으려고 회피하는 경향을 보이게 되는데, 그렇기 때문에 더욱더 자발성에 근거하여 선정해야 한다. 그렇게 해야 구성원의 자유와 성취가 만들어지기 때문이다.

PASAQADE 회의절차에 따른 도구 대비표

	P Purpose	A Acclimatize	S Surface	A Arrange	Q Quest	A Assess	D Decide	E Execute
사전 인터뷰	O	O						
아이디어 목록적기 (Listing Ideas)		O	O					
리치픽쳐 (Rich Picture)		O	O					
브레인스토밍 (Brain Storming)			O					
브레인라이팅 (Brain Writing)			O					
스캠퍼 (SCAMPER)			O					
육감도 확산법 (6 Sense Association)			O					
무작위 단어법 (Random Word)			O					
MECE			O	O	O			
창증감제 (ERRC)			O	O	O			
로직트리 (Logic Tree)				O	O			
연관도 (Relationship Map)				O	O	O		
절차도 (Process Map)				O	O			
친화도 (Affinity Map)				O	O			
5 Whys					O			
SWOT			O	O	O			
TOWS			O	O	O			
찬성과 반대 (Pros and Cons)			O		O			
피쉬본 (Fishbone)			O	O	O			
4분면 차트 (2X2 Matrix)			O	O	O	O		
T 차트 (T–Chart)			O	O	O			
갤러리 워크 (Gallery Walk)					O	O		
원더링 플립차트 (Wandering Flip Chart)					O			
다중투표 (Multi–Voting)						O	O	
주먹-오 (Fist-to-Five)						O	O	
성과노력 대비표 (Pay–off Matrix)						O	O	
의사결정표 (Decision Grid)						O	O	
짝 비교 (Paired Comparison)						O	O	
동의단계자 (The Gradients of Agreement Scale)						O	O	
불가항력 (Act of God)					O	O	O	O
실행계획표 (3W)								O
RACI 차트								O